Mark Hall
Schluss mit durstig

Mark Hall

Schluss mit durstig

Weil Jesus allein genug ist

Aus dem amerikanischen Englisch
von Wolfgang Günter

SCM R.Brockhaus

SCM

Stiftung Christliche Medien

© 2013 SCM R.Brockhaus im SCM-Verlag GmbH & Co. KG
Bodenborn 43 · 58452 Witten
Internet: www.scm-brockhaus.de
E-Mail: info@scm-brockhaus.de

Die Bibeltexte sind, wenn nicht anders angegeben, folgender Ausgabe entnommen:

Neues Leben. Die Bibel, © 2002 und 2006 SCM R.Brockhaus
im SCM-Verlag GmbH & Co. KG, Witten.

Weiter wurde verwendet:

Elberfelder Bibel 2006, © 2006 by SCM R.Brockhaus
im SCM-Verlag GmbH & Co. KG · Witten.

Die amerikanische Originalausgabe erschien unter dem Titel
THE WELL
bei Zondervan, Grand Rapids, Michigan.
© 2011 Mark Hall

Umschlag: Johannes Schermuly, Wuppertal, www.ideen-und-medien.de
Umschlag- und Kapitelbild: istockphoto.com
Satz: Christoph Möller, Hattingen
Druck und Bindung: CPI – Ebner & Spiegel, Ulm
Gedruckt in Deutschland
ISBN 978-3-417-26546-0
Bestell-Nr. 226.546

INHALT

VORWORT

Schon länger beschäftigt mich eine bestimmte Frage.

Ich war ein Kinderstar. Man konnte mich in Werbesendungen sehen und in Fernsehserien wie *Chefarzt Dr. Westphall, T.J. Hooker, Punky Brewster* und *Unser lautes Heim,* bevor ich acht Jahre lang in *Full House* die Rolle von D. J. Tanner spielte. Nachdem ich geheiratet und unser erstes Kind zur Welt gebracht hatte, entschloss ich mich, Mutter und Hausfrau zu sein, während mein Mann, Valeri Bure, als professioneller Hockeyspieler unser Geld verdiente. Die Entscheidung fiel mir schwer, und der Übergang war nicht leicht, doch ich hätte um nichts in der Welt tauschen wollen. Im Rückblick begreife ich allmählich, wie Gott an mir arbeitete, damit ich geistlich wachsen konnte.

Als Val vor etwa drei Jahren seine Laufbahn als aktiver Sportler beendete, sprachen wir darüber, ob ich in meinen alten Beruf zurückkehren sollte, weil er ja nun zu Hause bleiben würde. Schon Jahre zuvor hatten wir darüber geredet und dies so ins Auge gefasst. Nun beteten wir und kamen überein, dass es ein klares Zeichen Gottes wäre, wenn er mir eine Tür öffnen würde, sodass ich meine Schauspielkarriere wieder aufnehmen könnte. Wenn nicht, würde ich daraus folgern, dass das nicht Gottes Willen entsprach, und ich würde nicht darum kämpfen, wieder in meinen alten Beruf zurückzukehren.

Gott stieß die Tür weit auf.

Bevor ich mich versah, war ich für einen Film engagiert. Dann bot man mir weitere Rollen an und daneben schrieb ich das Buch *Reshaping It All*, das es bis auf die Bestsellerliste der *New York Times* schaffte. Ich bekam immer mehr Angebote. Es gibt zwei Gründe, warum ich nicht noch mehr arbeite: Ich möchte Zeit für meine Familie haben, und manchmal lehne ich ein Angebot ab, weil es mir inhaltlich nicht zusagt.

Doch bei allem Erfolg stecke ich in einem Zwiespalt: Ich weiß, dass meine Familie gern wieder nach Südflorida ziehen würde, wo wir neun Jahre lang gelebt haben, bevor wir in meine Heimatstadt Los Angeles zogen, damit ich meine Schauspielkarriere wieder aufnehmen konnte. Doch wenn wir nach Florida zurückgehen, muss ich meinen Beruf aufgeben.

Schon seit einiger Zeit fühle ich mich innerlich zerrissen. Meine Familie steht für mich an erster Stelle. Trotzdem hält sie es mir zuliebe hier aus, weil sie weiß, dass ich mir einen Traum erfülle und meine Leidenschaft für den Film auslebe. Vielleicht wäre es ganz einfach, alles einzupacken und den Umzugswagen vorfahren zu lassen. Vielleicht sollte ich das tun. Aber dann denke ich an die erstaunlich vielen E-Mails, die mich ermutigen, meinen Glauben öffentlich im Filmgeschäft auszuleben, denn solche Vorbilder werden hier dringend benötigt. Manche Leute sagen mir, dass ich nicht ohne Grund in dieser Branche arbeite. Und selbst manche Leiter von großen Missionswerken und Gemeinden meinen, dass Gott mich hier auf ganz besondere Art gebraucht.

Es fällt mir schwer, loszulassen, Gott zu vertrauen und einen Schritt zu wagen, von dem ich weiß, dass er sich für meinen Beruf nicht auszahlen wird. Aber wenn ich Gott wirklich vertrauen würde, könnte ich die Zügel aus der Hand geben und gespannt darauf warten, was er für mich bereithält – auch wenn es zunächst nicht das ist, was ich mir wünsche. Gleichzeitig sagt etwas in mir: „Das habe ich schon einmal gemacht. Vor dreizehn Jahren habe ich diesen Traum aufgegeben, und es war gut. Schau dir an, wie Gott an dir gearbeitet hat. Ich bin ein anderer Mensch geworden." Andererseits habe ich zehn Jahre auf die Chance gewartet, wieder als Schauspielerin arbeiten zu können, und ich bekam sie, ohne mich nennenswert anzustrengen …

Ich schwanke zwischen den beiden Möglichkeiten. Es fällt mir unheimlich schwer, zwischen dem, was Gott für mich hat, und meinem eigenen Wunsch zu unterscheiden, die Fäden in der Hand zu behalten und meine Zukunft nach meinen eigenen Vorstellungen zu gestalten.

Dann schlug ich dieses Buch auf und begann zu lesen. Das erste Kapitel traf mich mitten ins Herz, das zweite gleichermaßen. Und so ging es weiter. Ich fand mich in jedem Kapitel wieder. Auf jeder Seite fand ich Wahrheit. Ich hörte, wie Gott zu mir sprach, und er überführte mich, erinnerte mich an die unzähligen Male, als ich meine Lasten abgelegt und geschworen habe, niemals wieder so etwas zu tun oder mir diese Lasten erneut aufzubürden, und trotzdem Entscheidungen traf, die meinen eigentlich guten Absichten zuwiderliefen.

Ich glaube, dass auch Sie sich in diesem Buch wiederfinden werden. Mich erinnert es an meinen ersten großen Kampf. Jahrelang hatte ich geglaubt, es genüge, gut zu sein. Ich war ein braves Kind, hörte auf meine Eltern, und als junge Erwachsene rief ich sie sogar an, wenn ich spätabends in meine neue Wohnung zurückgekehrt war. Im Gegensatz zu vielen anderen Kinderstars erschien mein Name später nicht in den Schlagzeilen der Boulevardblätter. Ich wurde weder alkohol- noch drogensüchtig, landete niemals im Entzug und tauchte in keinem Polizeibericht auf. Warum also brauchte ich Jesus, wenn ich doch ein so „gutes" Leben führte?

Dass ich mich für gut hielt, war „mein Brunnen". Ich klopfte mir selbst auf die Schulter und sonnte mich in den Komplimenten meiner Kollegen, Fans, Eltern, Produzenten und Regisseure, die mir alle erzählten, ich sei eine wunderbare Schauspielerin und ein noch besserer Mensch. Immer weiter schöpfte ich aus diesem vermeintlichen Brunnen Gottes, der in Wirklichkeit jedoch nur eine ausgetrocknete Pfütze war.

Vor mehr als zehn Jahren erreichte ich schließlich einen Punkt, an dem ich begriff, dass ich Jesus brauche. Seit diesem Tag, als ich allein in meinem Schlafzimmer betete, führe ich mein Leben für Christus, so gut ich es kann. Ich weiß, dass ich niemals vollkommen sein werde, und ich mache immer noch Fehler. Wenn ich mich in meiner eigenen Haut zu wohl fühle, ist das ein Zeichen dafür, dass ich in Gefahr stehe, vom Eigentlichen abgelenkt zu werden. Doch ein jesusähnliches Leben führt dazu, dass wir noch einmal überdenken, wer wir sind und was unser Ziel ist, und dass wir vor allen Dingen Christus noch mehr vertrauen. Dieser Gedanke macht mich innerlich ruhig.

Während ich also um Weisheit bete, wie es mit meiner Karriere weitergehen soll, bin ich dankbar, dass mich Gott mit seinem Wort und Mark Halls scharfsinnigen Einsichten aufgerüttelt hat.

Candace Cameron Bure
Mai 2011

KAPITEL 1

EINE EINSAME FRAU

Iris Blue hämmerte gegen die Wand ihrer Einzelzelle in einem Gefängnis in Texas. Sie war einen Meter neunzig groß und bekannt für ihre harte Rechte, mit der sie Männer in einem Boxkampf herausfordern und besiegen konnte. Und mit der sie die männlichen Insassen in ihrem Zellenblock zur Weißglut treiben konnte, wenn sie gegen die Wände trommelte, schrie und fluchte. Ihre harte Rechte passte zu ihrem verhärteten und kalten Herzen.

Vielleicht war all das Schreien und Hämmern nicht nur ein Zeichen der Rebellion. Vielleicht war es ein Ventil, mit dem Iris alles herausließ, was sie beschäftigte. Vielleicht hatten diese vermeintlich sinnlosen Schreie doch eine Bedeutung. Vielleicht tat sie es, weil sie die Stille nicht aushalten konnte.

Denn in der Stille verbarg sich der Teufel.

Schmerzliche Erinnerungen erfüllten die Stille. Sie dachte an das kleine Grundschulmädchen, das sich nach Annahme sehnte, dachte daran, wie sie im Vergleich mit anderen abschnitt. Die Erinnerungen waren immer irgendwie da, manchmal im Hinterkopf, manchmal unmittelbar vor Augen. Manchmal weinten sie mit ihr, manchmal kicherten sie über sie, doch immer erinnerten sie sie daran, dass sie nicht nur groß gewachsen, sondern auch ein großer Loser war. Und die Erinnerungen ließen sie niemals vergessen, wie früh schon alles schiefgelaufen war.

Iris erzählt: „Schon im Brutkasten habe ich Jungen gemocht. Später dachte ich mir: ‚Es gibt einen Gott, und er hat Jungs erschaffen.' Ich versuchte, mit ihnen zu flirten und sexy auszusehen. Ich lehnte mich in verführerischer Pose gegen meinen Spind, sodass er sich ein wenig ausbeulte. Letztlich träumte ich davon, dass irgendein kleiner Junge meine Bücher trug oder mich behandelte, als wäre ich wertvoll, oder dass er mir die Tür aufhielt. Ich wollte einfach, dass mich jemand für etwas Besonderes hielt. Der Kleine, in den ich verknallt war, meinte eines Tages: ‚Hör mal, ich möchte dich etwas fragen.' Er war richtig nervös, und ich dachte schon, er wollte mit mir gehen oder so etwas. Aber dann fragte er nur, ob ich ihn huckepack nehmen könnte."

Iris musste nicht erst in den Spiegel schauen, um daran erinnert zu werden, warum der Junge auf ihrem Rücken reiten wollte. Sie war groß gewachsen, schon als Kind. Sie war groß und schwer und stärker als alle Jungen.

„Der kleine Computer in meinem Kopf sagte: ,Hör mal, du bist groß und hässlich, und wenn du nicht etwas unternimmst, wird er nicht auf dich aufmerksam werden. Du siehst doch, wer in der Schule Händchen hält, nämlich diese ganzen süßen kleinen Mädchen. Am liebsten hätte ich dem Jungen gesagt: ,Nein, ich träume davon, dass du mir meine Bücher trägst. Ich will dich nicht auf dem Rücken tragen.' Aber schon in der Grundschule ging ich Kompromisse ein, was meine Träume betraf. Ich wollte unbedingt wie eine Dame behandelt werden, glaubte jedoch nicht, dass ich die Maßstäbe dafür erfüllte. Also sagte ich ihm, er solle auf meinen Rücken steigen.

Bereits in der Kirche hatte ich gelernt, dass nicht jeder erfahren musste, was in mir vorging. Ich setzte also ein Lächeln auf und tat so, als sei alles in Ordnung. Innerlich litt ich jedoch. Am liebsten hätte ich geweint, aber ich wollte nicht, dass mich jemand weinen sah. Also erzählte ich niemandem etwas davon."

Der Junge ließ sich huckepack nehmen und kicherte die ganze Zeit. Er war das erste männliche Wesen, das Iris zu seinem eigenen Vergnügen benutzte, so unschuldig es auch war. Doch er sollte nicht der letzte bleiben.

EINE ANDERE ART VON WASSER

Die Mittagssonne trieb Jesus die Schweißperlen auf die Stirn. Beim Jakobsbrunnen in der Nähe der samarischen Stadt Sychar setzte er sich hin, erschöpft von der langen Wanderung, die er in Jerusalem begonnen hatte.

Eigentlich hätte er gar nicht hier sein dürfen, nicht nach den geltenden Maßstäben. Die Juden betrachteten die Samariter als Mischlinge, und für die lange Reise zwischen Judäa und Galiläa nahm man den Umweg über das östliche Jordanufer in Kauf. Doch Jesus war kein gewöhnlicher Jude. Auf eine Weise, die Menschen niemals in ihrer ganzen

Tiefe erfassen werden, war er ganz Gott und gleichzeitig ganz Mensch. Und er hatte einen göttlichen Auftrag. Die Jünger hatte er in die Stadt geschickt, um etwas zu essen zu kaufen. So war alles arrangiert für die geplante Begegnung mit einem ganz besonderen Menschen. Wir kennen den Namen der Frau nicht, doch Gott kennt ihn. Die einsame Frau war auf dem Weg zum Brunnen. Die ganze Stadt verachtete sie. Das wird dadurch deutlich, *wann* sie zum Wasserholen kam. Es war um die Mittagszeit. Die anderen Frauen kamen frühmorgens zum Brunnen – die Gespräche und die Gemeinschaft mit den Freundinnen erleichterten ihnen dabei die Last.

Die einsame Frau jedoch schleppte eine Last mit sich herum, die zu groß war, als dass sie hätte Erleichterung erfahren können. Bis zu diesem Zeitpunkt.

Jesus kannte sie schon lange, schon vor diesem Tag, vor ihrer ersten Sünde, lange bevor sie überhaupt geboren war. Er kannte sie, wie nur Gott seine Kinder kennen kann. Und schon lange zuvor hatte er diesen Tag in seinem und in ihrem Kalender angestrichen.

Im Lauf der Geschichte, die uns Johannes erzählt, erfahren wir, dass die Frau fünfmal verheiratet war und nun mit einem sechsten Mann zusammenlebt. Und doch kann nur ein einziger Mann ihre innere Leere füllen, so wie sie es sich von den anderen Männern gewünscht und erhofft hat. Es gibt nur einen Mann, der ihre Sehnsucht stillen und den Schmerz lindern kann, den all ihre schlechten Entscheidungen verursacht haben, die lüsternen Nächte, die verzweifelten Tränen der Scham. Nur ein einziger Mann kann ihr den Schmerz nehmen, der daher rührt, dass sie auf falsche Weise von den falschen Menschen an den falschen Orten akzeptiert und angenommen werden wollte. Nur ein einziger Mann.

Hier steht er nun.

Er bittet sie um etwas Wasser, und die Bitte verschlägt ihr fast die Sprache. Sie kann nicht glauben, dass ein jüdischer Mann sie anspricht. Misstrauen macht sich in ihr breit, weil sie es nicht gewohnt ist, einen Juden in der Stadt zu sehen, schon gar keinen, der sich in ihrer Gegenwart aufhält. Sie weiß: Ein Jude würde in ihr nicht nur eine Samariterin, sondern ein samaritisches Flittchen sehen.

„Warum bittest du mich, dir zu trinken zu geben?" Jesus antwortete: „Wenn du wüsstest, welche Gabe Gott für dich bereithält und wer der ist, der zu dir sagt: ,Gib mir zu trinken', dann wärst du diejenige, die ihn bittet, und er würde dir lebendiges Wasser geben." Jesus redet hier vom ewigen Leben, geistlichem Wasser, das niemals aufhört zu fließen.

Die Samariterin zieht den vollen Eimer aus dem Brunnen und sagt: „Hey, dieser Brunnen ist tief. Wo bekommst du dieses Wasser her, das du gerade erwähnt hast?" Sie nimmt an, dass er Wasser im buchstäblichen Sinn meint; die geistliche Dimension entgeht ihr völlig. Jeder in ihrer Situation hätte genauso reagiert. Sie hat es satt, täglich Wasser zu holen, hat es satt, den anderen Frauen und ihren vielsagenden Blicken aus dem Weg zu gehen, hat es satt, sich ihr Geflüster anzuhören.

In dem Gespräch zwischen Jesus und der Samariterin ist über weite Strecken von zwei Arten von Wasser die Rede – dem lebendigen und dem Brunnenwasser. Jesus zeigt ihr, was dieses lebendige Wasser eigentlich ist und woher es kommt. Doch die Frau ist geistlich tot und versteht ihn nicht. Jedes Mal bringt sie das Gespräch wieder aufs Brunnenwasser. Denn eine andere Art von Wasser kennt sie nicht.

Viele von uns leben wie diese Samariterin. Wir versuchen unseren Alltag zu meistern, wobei wir aus unseren eigenen kleinen Brunnen Sicherheit und Komfort schöpfen. Auf der Arbeit, in der Freizeit, zu Hause und in der Gemeinde bedienen wir uns immer wieder aus diesen Brunnen. Meistens sagen wir es nicht ausdrücklich, sondern machen es eher durch unser Handeln deutlich: „Das ist mein Brunnen. Der wird mich, glaube ich, am Leben erhalten."

Manche von uns benutzen dazu auch Freundschaften. Wenn wir unsere Freunde haben, geht es uns gut; wenn wir dagegen keine Freunde haben, die uns bestärken, kreisen unsere Gedanken um die Leere. Manch einer versucht, aus einem Menschen, der ihm noch nähersteht – dem Ehepartner, dem Freund oder der Freundin –, einen Brunnen zu machen. Andere von uns schöpfen aus ihrem Intellekt, ihren Begabungen und Fähigkeiten, um so ihre Identität zu definieren oder ein Gefühl der Zufriedenheit zu bekommen. Wieder andere stützen sich auf ihre Stärken, Erfolge in der Vergangenheit oder sogar auf die Annahme, irgendwann würde alles besser werden. Wie auch immer, die meisten von uns haben ein paar „Brunnen", und wir verlassen uns darauf, dass sie uns am Leben erhalten und uns Freude, Sicherheit, Hoffnung, Frieden und Glück schenken.

Wie Jesus in Johannes 4 deutlich macht, ist seine Vorstellung von Leben spendendem Wasser eine andere. Ganz subtil zeigt er der Samariterin „ihren eigenen Brunnen". Weil sie nicht darauf eingeht, als er das lebendige Wasser in einen geistlichen Zusammenhang stellt, wählt er einen anderen Zugang, und das tut er auch bei vielen von uns.

> Wie auch immer, die meisten von uns haben ein paar „Brunnen", und wir verlassen uns darauf, dass sie uns am Leben erhalten und uns Freude, Sicherheit, Hoffnung, Frieden und Glück schenken.

Im Rückblick fallen mir Situationen ein, als Jesus versuchte, mir auf eine bestimmte Art etwas zu sagen. Doch entweder hörte ich schlecht oder war zu sehr mit „meinen eigenen Brunnen" beschäftigt. Wenn ich dann mit Problemen zu kämpfen hatte, die sich unweigerlich einstellten, wenn ich versuchte, alles auf meine Art zu machen, und mich in der Folge von Gott entfernte, stellte ich ihn infrage oder wurde wütend auf ihn, obwohl er doch nur meine Situation benutzte, um mich wieder zu sich zu ziehen.

Wenn wir nicht hören wollen, was er uns zu sagen hat, wählt Jesus immer einen Ansatz, der bis zum Kern der Sache vordringt. In Vers 16 heißt es, dass Jesus die Frau ansieht und sagt: „Geh, rufe deinen Mann und komm mit ihm hierher."

Wie kam er denn darauf? Hatte er nicht gerade über Wasser geredet?

Ob er die Frau damit überrascht, wird aus dem Text nicht deutlich, doch sie bringt eine halbwegs wahre Antwort heraus: „Ich habe keinen Mann." Ich bin sicher, dass sie sich dabei dachte: *Vielleicht gibt er sich damit zufrieden.*

Doch Jesus bohrt weiter: „Das stimmt! Du hast keinen Mann. Du hattest fünf Ehemänner, und mit dem Mann, mit dem du jetzt zusammenlebst, bist du nicht verheiratet. Ganz recht."

Wenn Sie diese Frau wären, was würden Sie jetzt sagen? Was tun Sie, wenn Gott Ihnen zeigt, dass er Gott ist und alles weiß? Die meisten von uns würden wohl tun, was auch diese Frau getan hat.

„Herr, ich sehe, dass du ein Prophet bist", entgegnet sie. „Sage mir doch, warum ihr Juden darauf besteht, dass Jerusalem der einzige. Ort ist, wo man Gott anbeten darf. Wir Samariter dagegen behaupten, dass es dieser Berg hier ist, wo unsere Vorfahren gebetet haben."

> Sie glaubt, sie stehe neben einem Brunnen und rede mit einem Mann. In Wirklichkeit aber steht sie neben einem Wasserloch und redet mit dem Brunnen.

Sie fängt ein Gespräch über religiöse Themen an, weil sie begreift, dass hier kein gewöhnlicher Mann vor ihr steht. Dieser Typ, der von lebendigem Wasser spricht, schockiert sie. Ihr ganzes Leben hat er auf den Kopf gestellt, denn genau das bewirkt Wahrheit. Die Wahrheit ist keinen Veränderungen unterworfen, verändert jedoch alles, was sie berührt.

Für diese Samariterin sieht die Wahrheit folgendermaßen aus: Sie glaubt, sie stehe neben einem Brunnen und rede mit einem Mann. In Wirklichkeit aber steht sie neben einem Wasserloch und redet mit dem Brunnen.

UNVERBESSERLICH

Iris Blue riss mit dreizehn Jahren von zu Hause aus. Ihre Eltern waren Christen. Heute weiß sie, dass sie weglief, weil sie ihrem Traum von Weiblichkeit nachjagte und sich danach sehnte, angenommen zu werden, allerdings von den falschen Leuten an den falschen Orten und auf jede erdenklich falsche Art und Weise.

Während ihrer Kindheit ging Iris regelmäßig zum Gottesdienst und fuhr auf christliche Sommerfreizeiten. Als ein reisender Evangelist versuchte, ihr Angst vor der Hölle zu machen, redete sie sich ein, sie sei errettet. Das sollte nicht das letzte Mal sein, dass sie sich in ihrem Handeln von Gefühlen bestimmen ließ.

Nur einige Tage nachdem sie von zu Hause weggelaufen war, fing sie an, Drogen zu nehmen, zu betteln, damit sie etwas zu essen hatte, und sich in der Nähe von Menschen aufzuhalten, die zu alt und zu fremdartig für das kleine Mädchen in ihrem großen Körper waren. Iris erzählte: „Man muss nicht weit weglaufen, wenn man nach dem Falschen sucht. Ich hatte einen Minderwertigkeitskomplex und war sehr eigensinnig. Diese beiden Dinge haben sich schnell potenziert, und ich wusste nicht, wie ich damit umgehen sollte."

Trotzdem schlummerte dieser Traum in ihr. Sie sehnte sich nach jemandem, der sie liebte, wie sie war, jemandem, der sie wie eine Dame behandelte – die sie trotz all ihrer Verletzungen unter all ihren seelischen Narben war. Doch die Sünde macht den Sünder blind, und die rebellische Iris tauschte ihren Traum gegen einen Alkoholiker ein. Ein Mann in einer Kneipe schenkte ihr die Aufmerksamkeit, nach der sie sich sehnte, und sie geriet in einen Teufelskreis: Heroinmissbrauch, Diebstahl, Prostitution und mehrere Abtreibungen.

Trotzdem fand sie immer wieder jemanden, der noch mehr Probleme hatte. „Ganz egal, wo wir sind, ob in der Kirche, einer Kneipe oder im Gefängnis, wir versuchen immer jemanden zu finden, mit dem wir uns vergleichen können. Wir schauen uns um und sagen: ‚Na ja, ich habe zwar schon das eine oder andere falsch gemacht, aber ich bin nicht so schlimm wie manch anderer.' Das habe ich an Orten gelernt, wo man es auf den ersten Blick nicht für möglich halten würde. Und zwar nicht nur in Kneipen, sondern sogar hin und wieder in Kirchen. Wir lernen, uns mit anderen zu vergleichen."

Falls jemals der Zeitpunkt gekommen war, an dem sie nicht mehr tiefer fallen konnte und völlig am Boden war, merkte Iris das jedenfalls nicht, weil sie gerne dort unten lebte. Mit siebzehn beteiligte sie sich mit einigen drogenabhängigen Freunden an einem bewaffneten Raubüberfall auf ein Geschäft. Sie machte sich mit 33 000 Dollar davon, nur um nach wenigen Stunden von der Polizei aufgegriffen zu werden.

Neun Monate verbrachte sie in Untersuchungshaft und wurde schließlich zu acht Jahren Gefängnis verurteilt. Im Gegenzug wurde vereinbart, dass man sie niemals für die siebzig anderen Vergehen, die man ihr zur Last legte, zur Rechenschaft ziehen würde.

„In diesem Gefängnis passierten Dinge, die ich nicht in der Lage bin auch nur ansatzweise zu beschreiben. Aber ich ging mit der Haltung hinein: ‚So schlimm bin ich nicht, es gibt ein paar Dinge, die ich definitiv nicht tun würde.‘ Ich hatte mich überhaupt nicht verändert. Schon immer hatte ich mir bestimmte Grenzen gesetzt und gesagt: ‚Das und das mach ich vielleicht, aber so was garantiert niemals. Doch dann entdeckte ich, dass ich mir meine Grenzen immer weiter steckte. Ganz egal, wie tief ich gesunken war, ich konnte mich immer noch mit anderen Leuten vergleichen. Doch irgendwann blieb nur noch ein Vergleich übrig: ‚Wenigstens bin ich kein Heuchler. Ich zieh mein Ding einfach durch. Ich bin anders als die Leute in der Kirche, die sich mit ihrem Lebensstil brüsten, aber im Grunde wie jeder andere leben.‘“

Im Gefängnis machte man psychologische Tests und erstellte ein Persönlichkeitsprofil der Frau, die niemand zähmen konnte. Mehrere männliche Gefängniswärter mussten die „große Iris“ wegen ihrer ständigen Aufsässigkeit und der körperlichen Auseinandersetzungen, in die sie permanent verwickelt war, in eine Einzelzelle zerren, während sie fluchte und um sich spuckte.

Iris saß sieben Jahre ab, bevor sie freikam, und innerhalb weniger Tage hatte sie zu ihren alten Verhaltensmustern zurückgefunden.

„In meiner Akte wurde vermerkt, dass ich unverbesserlich und degeneriert sei. Was das letzte Wort bedeutete, wusste ich nicht – ich hatte ja nicht einmal einen Schulabschluss. Aber ich fand heraus, dass es heißt, dass sich jemand nicht mehr verändern wird. Da kommt nichts mehr. Es gibt keine Hoffnung. Das steht in meiner Akte – dass es keine Hoffnung mehr gibt.“

DER WAHRE BRUNNEN

Zu gerne hätte ich die Miene der Samariterin gesehen, als Jesus ihr alles über ihre Vergangenheit erzählte. *Woher weiß er das? Wie kann er über alles Bescheid wissen, was ich jemals getan habe?*

Die Hoffnung ist tiefer als der Jakobsbrunnen, und in Johannes 4,16 spricht Jesus unmittelbar zu ihrem Herzen.

Die Samariterin begreift zunächst die geistliche Dimension der Worte Jesu nicht, und deshalb verknüpft sie sie gedanklich mit etwas, das sie kennt – Religion. Mit *Religion* meine ich die Rituale und nichtssagenden Listen zum Abhaken, derer sich Menschen bedienen, deren Beziehung zu Christus nicht persönlich und authentisch ist.

Die Samariterin lebte nicht weit vom Berg Garizim, wo ihr Volk Gott anbetete. Mit anderen Worten: Sie sprach über die Kirche, die gleich um die Ecke lag. Als Jesus ihr offenbart, dass er alles über ihre Vergangenheit weiß, antwortet sie mit der Wendung: „Unsere Väter ..." Sie kennt nur die Religion anderer Leute, doch Jesus korrigiert sie mit den berühmten Worten, mit denen er Gott und echte Anbetung beschreibt: „Aber die Zeit kommt, ja sie ist schon da, in der die wahren Anbeter den Vater im Geist und in der Wahrheit anbeten. ... Denn Gott ist Geist; deshalb müssen die, die ihn anbeten wollen, ihn im Geist und in der Wahrheit anbeten."

Sie hat es satt, auf dem Grund ihres eigenen Wasserlochs zu sitzen, und sie ist der Leere in ihrem Herzen überdrüssig. Jesus treibt das Gespräch voran, bis die Frau das Wort *Messias* erwähnt. Sie ahnt nicht, wer da vor ihr steht.

Je länger Jesus redet, desto besser erinnert sie sich daran, dass sie als Kind von dem kommenden Messias gehört hat, der eines Tages erscheinen und alles in Ordnung bringen würde. Und sie hat es bitter nötig, dass jemand alles in ihrem Leben in Ordnung bringt.

Die zahllosen Männer. Die zahllosen Kämpfe. Die Nächte, in denen sie sich die Tränen vom Gesicht wischte, während neben ihr ein Fremder schnarchte.

Sie ist nur gekommen, um Wasser zu schöpfen. Könnte dies der Mann ihrer Träume sein? Und könnte er etwa wirklich ... Gott sein?

Hier, mitten in ihrer alltäglichen Welt, dämmert es der samaritischen Frau, dass Gott sie verfolgt. Er ist nicht hinter Jerusalem, nicht hinter dem Berg Garizim oder einer beeindruckenden Zahl von Menschen in irgendeiner Versammlung her – sondern hinter *ihr*.

Haben Sie so etwas auch schon einmal erlebt? Haben Sie auch schon einmal empfunden, dass ihr Herz kalt und verhärtet war, und doch spürten Sie, dass Gott diese dicke Mauer durchbrechen wollte und zu Ihnen sagte: „Ich bin kein Buch. Ich bin auch nicht der Text eines an die Leinwand geworfenen Lieds, das du singst. Ich bin eine Person, und ich will dich kennenlernen"?

Ich kann mich daran erinnern, wie ich an diesem Punkt stand: *Ich bin fast sicher, dass an dieser Sache viel mehr dran ist, als ich in meinem Leben zulasse.* In einem solchen Moment reagiert Jesus immer so, wie er es gegenüber der Frau am Brunnen tat: „Ich bin es, der mit dir spricht!" Das ist die tiefste aller Wahrheiten aus dem tiefsten aller Brunnen

> „Ich bin es, der mit dir spricht!" Das ist die tiefste aller Wahrheiten aus dem tiefsten aller Brunnen.

Diese Antwort stellt den entscheidenden Punkt ihres Gesprächs, ja der ganzen Ewigkeit dar. In den griechischen Manuskripten des Grundtextes liest sich dieser Satz etwas anders. Wörtlich übersetzt lautet er: „Ich, der mit dir redet, bin." Damit erhebt Jesus den Anspruch, Gott zu sein. Im Grunde sagt er damit: „Ich bin der ICH BIN, den deine Väter angebetet haben."

Der Frau schlägt das Herz bis zum Hals, weil Jesus ihr gezeigt hat, dass er sie kennt, wie sie noch kein anderer gekannt hat, und sie versteht, was er ihr damit sagen will. Sie begreift, dass sie versucht hat, aus Pfützen Wasser zu schöpfen, und es nun an der Zeit ist, aus dem einzigen wahren Brunnen zu trinken.

Alles weist darauf hin, dass sich ihr Leben dadurch veränderte. Die Frau, die den Dorfbewohnern aus dem Weg ging, wenn sie Wasser holte, ist dieselbe Frau, die in die Stadt eilt, um vom Kommen des Messias weiterzuerzählen. „Kommt mit, und lernt einen Mann kennen, der mir alles ins Gesicht gesagt hat, was ich jemals getan habe!", sagt sie, als sie die ganze Stadt zu Jesus bringt (Verse 29-30), und viele dieser Menschen sind nun im Himmel, weil sie ihrem Zeugnis glaubten (Vers 39).

Ich bin davon überzeugt, dass Gott auch heute zu uns spricht, doch oft hören wir ihn nicht, weil wir versuchen, sein lebendiges Wasser gegen das abgestandene aus unseren eigenen Brunnen auszuwechseln.

Jeder von uns hat eine bestimmte Vorstellung, worauf er sein Leben baut und was am besten für ihn funktioniert. Manche der Beziehungen, die wir eingegangen sind, waren gut, andere sind gescheitert. Wir kennen unsere Stärken und Schwächen. Wir stellen Pro-und-Contra-Listen auf. Schon so oft sind wir den ausgetretenen Pfad zu unseren kleinen Brunnen gelaufen, dass wir sie für unentbehrlich halten; nicht nur um unsere Wünsche zu erfüllen, sondern auch um unsere Bedürfnisse zu stillen.

Dabei gibt es nur ein Problem: Unsere eigenen Brunnen existieren überhaupt nicht. Sie sind eine Fata Morgana, entstanden aus unseren menschlichen Wünschen; ein Zerrbild, das uns der Feind unserer Seele vorgaukelt. Was wir für Brunnen halten, sind in Wirklichkeit bloße Pfützen. Sie mögen uns das Gefühl vermitteln, wir hätten etwas erreicht, könnten von ihnen profitieren und wären zufrieden, doch dieser Zustand hält nicht an. Der Durst kommt immer wieder. Die Samariterin glaubte, sie stünde neben einem Brunnen, doch in Wirklichkeit handelte es sich um ein Wasserloch im Boden.

> Schon so oft sind wir den ausgetretenen Pfad zu unseren kleinen Brunnen gelaufen, dass wir sie für unentbehrlich halten; nicht nur um unsere Wünsche zu erfüllen, sondern auch um unsere Bedürfnisse zu stillen.

Und dieses Loch sorgte nur vorübergehend für Erleichterung. Genauso sind die Brunnen, aus denen wir schöpfen, bloße Wasserlöcher, die uns geistlich verdursten lassen. Wir welken dahin und sehnen uns nach etwas, das uns zufriedenstellt, nach etwas Ewigem.

Wir sehnen uns nach Jesus, weil er diese Sehnsucht in uns hineingelegt hat, und wir sehen, wie er im Leben anderer Menschen wirkt. Doch unsere menschliche Natur bringt uns dazu, ihn als etwas *Nützliches* zu betrachten und nicht als Herrn, der über uns herrscht. Für uns ist er jemand, der alles wieder in Ordnung bringt und seine Segnungen wie mit der Gießkanne über uns verteilt. Wir möchten, dass er sich uns anschließt und alles segnet, was wir tun, während er sich danach sehnt, unser Herz und unseren Verstand umzugestalten.

Wenn wir aus irgendeiner anderen Quelle als Jesus schöpfen, um Glück, Hoffnung, Sicherheit, Frieden und Leben zu bekommen, tauschen wir den einzigen wahren Brunnen gegen ein nichtssagendes, bedeutungsloses Wasserloch.

Wir alle sind auf der Suche nach etwas Neuem, einer neuen Strategie oder einem neuen Buch, das uns in zwei einfachen Schritten Frieden mit Gott und irdisches Glück verheißt. Doch es gibt nur eine Möglichkeit, zu etwas Brandneuem zu gelangen, und nur eine Möglichkeit, dortzubleiben. Zunächst müssen wir Gott unsere Sünde bringen und ihn durch Jesus kennenlernen. Dann müssen wir Zeit mit ihm verbringen, um ihm ähnlicher zu werden.

Je mehr Zeit wir uns nehmen, um uns seiner Gegenwart auszusetzen, je mehr wir uns ihm hingeben und zulassen, dass er uns verändert, desto mehr wird Jesus zu unserem Brunnen. Regelmäßiger Gottesdienstbesuch, gute Taten oder der feste Vorsatz, dank unserer Willenskraft nichts Schlechtes mehr zu tun, sind kein Heilmittel. So etwas gleicht eher einer Diät, und wir wissen alle, wie gut das klappt. Eine Diät funktioniert so lange, bis wir damit Erfolg haben und zufrieden sind, und dann fallen wir in unsere alten Gewohnheiten zurück.

Jesus beharrt darauf, vom lebendigen Wasser und nicht vom Wasser unserer eigenen Brunnen zu reden. Er beharrt darauf, eine ganz einzigartige Quelle zu sein. Er beharrt darauf, dass er selbst dieser Brunnen ist.

Ist Jesus auch Ihr Brunnen? Schöpfen Sie aus irgendeinem anderen Brunnen in der Hoffnung, dass Sie das bei Kräften hält, während Sie Jesus nur als letzte Zuflucht betrachten?

Wenn Jesus nicht unser Brunnen ist, verschärfen wir das Problem oft noch dadurch, dass wir es auf eigene Faust zu lösen versuchen. Letzten Endes fühlen wir uns dadurch noch isolierter und von Gott abgeschnitten. Darum ist es gefährlich, aus den vermeintlichen Brunnen zu schöpfen, wenn sie in Wirklichkeit nur Pfützen sind, wie ich sie auf den nächsten Seiten noch näher beschreiben werde. Ich hoffe, dass es mir in diesem Buch gelingt, einige der bekannteren Pfützen im Licht der Bibel zu betrachten.

Ich glaube, dass mitten in unserem persönlichen Chaos der geduldige und liebevolle Erretter steht, der auf jeden von uns mit dieser Botschaft wartet: „Du stehst vor einem Wasserloch. Aber jetzt redest du mit dem Brunnen selbst."

Plötzlich verändert

Iris Blue war auf dem Weg zu ihrem gewohnten Wasserloch. Ein Mann wollte sie dort treffen.

Sie erwartete ihn vor einer der drei von ihr geführten Oben-ohne-Bars. Er weigerte sich, mit hineinzukommen, hatte jedoch um das Treffen gebeten, um sich von ihr zu verabschieden. Drei Tage lang war er ihr gefolgt, nachdem er sie am Sonntag im Gottesdienst gesehen hatte. Sie war zur Kirche gegangen, um damit ihr Versprechen gegenüber einer Tante zu erfüllen, die gelbe Kleider aus glänzendem Stoff für Iris' Tänzerinnen nähen wollte, wenn sie sie zum Gottesdienst begleitete. Währenddessen war sie die ganze Zeit auf Heroin.

Der Mann hieß Roger. Er war ein ehemaliger Drogenabhängiger, ging in der Gemeinde auf Iris zu und bat sie um ihre Telefonnummer. So etwas war sie gewohnt, und sie lächelte, während sie die Nummer hinkritzelte. Noch am selben Tag rief sie Roger in der Bar an.

„Er sagte: ‚Ich rufe nur an, um dir zu sagen, dass Jesus dich liebt', und ich legte sofort auf. Dann wartete er, bis wir Feierabend machten, und rief noch einmal an: ‚Hey, ich rufe dich nur an, um dich daran zu erinnern, dass ich für dich bete und dass Jesus dich liebt.' Oder er rief mich nachmittags an und sagte: ‚Mensch, du wirst nicht glauben, was ich entdeckt habe. Hast du schon von dieser Frau gehört? Sie war fünfmal verheiratet und lebte mit einem sechsten zusammen.' Ich dachte mir bloß: Wer denn? Er meinte: ‚Die Frau am Brunnen. Jesus ist ihr dort begegnet', und ich erwiderte: ‚Halt die Klappe', und legte wieder auf", erzählte Iris. „Von Sonntagnachmittag bis Donnerstag sprach er von Jesus."

Doch dann, am Abend des 31. März 1977, verabschiedete sich Roger von Iris, während sie in seinem Auto vor der Bar saßen. Iris war am Boden zerstört. Sie fragte sich, warum er sich nicht mehr mit ihr treffen wollte so wie all die anderen Männer. In den letzten Tagen hatte ihr Roger immer wieder erzählt, dass jedes Haar auf ihrem Kopf gezählt war und Jesus alles über sie wusste und trotzdem so sehr liebte, dass er ihr hinterherlief und ihr lebendiges Wasser anbot.

„Roger meinte: ‚Ich kann mich nicht mehr mit dir treffen, weil ich mich entschieden habe, nicht mehr mit Flittchen zusammen zu sein.'"

Diese Bemerkung ließ Iris zusammenzucken, doch Roger verfolgte damit ein bestimmtes Ziel.

„Als er mich ein Flittchen nannte, hätte ich ihm am liebsten die Kehle durchgeschnitten", erinnerte sich Iris. „Ich dachte mir: ‚Die ganze Woche hast du mir erzählt, wie wertvoll ich Gott bin und wie wertvoll ich selbst bin. Und jetzt sagst du mir, dass ich ein Stück Dreck bin?'"

Roger bemerkte Iris' Blick. Er lächelte, denn er wusste, dass es nun an der Zeit für die tiefste aller Wahrheiten aus dem tiefsten aller Brunnen war.

„Er sagte: ‚Du verstehst nicht das kleinste bisschen. Jesus kann dich zu einer Dame machen.' Als er das Wort *Dame* sagte, war es, als ob irgendetwas in mir explodierte. Ich antwortete: ‚Das ist das Einzige, was ich mir jemals gewünscht habe: eine Dame zu sein. Und wenn das wirklich stimmt, dann will ich das.'"

„Gut. Und wenn du das ernst meinst", erwiderte Roger, „dann betest du jetzt draußen."

Iris zuckte nicht einmal mit der Wimper.

„Ich meine es ernst."

Auf dem kalten Bürgersteig vor ihrem Striplokal fiel Iris auf die Knie. Während sich eine Tänzerin im Fenster hinter ihr drehte und die Musik so ohrenbetäubend laut dröhnte, dass sie spüren konnte, wie der Beton unter ihr bebte, neigte Iris den Kopf, während Roger eine Art Trauungszeremonie durchführte.

Er blickte zum Himmel und sagte: „Jesus, nimmst du Iris an?" Er hielt inne und blickte Iris an. „Jesus sagt: ‚Ja, ich will.'" Dann fragte er Iris: „Iris, nimmst du Jesus an?"

Die Musik hörte sie nicht mehr, sie sah die Tänzerin nicht mehr, und auch die verlorenen Seelen, die auf die bizarre Szene starrten, bemerkte sie nicht.

„Ja", sagte Iris, während ihr Tränen über die Wangen liefen.

Am tiefsten Punkt, mitten in einer alles andere als christlichen Umgebung, fand Iris den Mann, von dem sie ein ganzes Leben lang geträumt hatte.

An diesem Abend schloss Iris ihre drei Oben-ohne-Bars, und sie kehrte nie wieder zu den beiden Männern zurück, bei denen sie abwechselnd gelebt hatte. Heute, viele Jahre später, hat sie immer noch nicht den blassesten Schimmer, was mit ihren Möbeln, ihrem Schmuck und ihrer Kleidung passiert ist. Sie ließ alles hinter sich, um Jesus nachzufolgen.

Iris sagte, dass sie an diesem ersten Wochenende nach ihrer Bekehrung etwa dreihundert Mal bezweifelte, ob Jesus sie wirklich errettet habe. Sie rief Roger an und berichtete ihm ängstlich, dass sie sich überhaupt noch nicht anders fühlte.

„Rufst du normalerweise nachts um drei Leute an, um ihnen zu erzählen, dass du an deiner Errettung zweifelst?", fragte Roger.

„Nein."

„Siehst du, du bist schon anders geworden", entgegnete er und legte auf.

Am folgenden Sonntagmorgen ging Iris wieder in die Kirche, dieses Mal sauber und clean. Gott hatte es so eingerichtet, dass der Pastor über Vergebung predigte.

Iris erzählte: „Er sagte: ‚Gott wirft deine Sünden so weit weg, wie der Osten vom Westen entfernt ist.' Ich rief dazwischen: ‚Herr Pastor, ich bin nicht gebildet, aber ich weiß, dass man nicht so einfach von hier nach da kommen kann.' Prediger sind es nicht gewohnt, dass man ihnen in der Predigt dazwischenredet, deshalb wandte er sich der anderen Seite der Versammlung zu, um mich ignorieren zu können. Dann sagte er: ‚Oder nehmen wir die Geschichte von Nikodemus aus dem Neuen Testament.' Er hob die Hände und fuhr fort: ‚Was aus dem Fleisch geboren ist, ist Fleisch, und was aus dem Geist geboren ist, ist Geist' (ELB). Mir war, als zöge Gott einen Vorhang in meinem Herzen zurück, und ich begriff, dass ich mich draußen vor einer alten Bar als Flittchen hingekniet, aber als Dame wieder aufgestanden war. Gott hatte mir vergeben. Ich war rein. Unschuldig. Makellos. Geliebt. Nagelneu."

Mit siebenundzwanzig Jahren entdeckte Iris, dass nur Jesus das größte Loch in ihrem Herzen füllen konnte.

Zwei Jahrzehnte später besuchte diese Dame, der Gott vergeben hatte und die ganz neu geworden war, im Lauf einer Israelreise den Jakobsbrunnen. Und dort begegnete sie einem Mann.

Dieses Mal war sie es, die über lebendiges Wasser sprechen wollte, und er derjenige, der einen Eimer aus einem Wasserloch zog ...

KAPITEL 2

LOSLASSEN
DAS WASSERLOCH DES
KONTROLLZWANGS

Das Geräusch von Stille in einer Höhe von tausendfünfhundert Metern bedeutet den langsamen Tod. Der ohrenbetäubend laute Motor der Cessna stotterte noch einmal, bevor er hoch über dem ebenen Gelände von Florida ausging. Das Einzige, was ich durch meine dicken Kopfhörer hörte, war der Wind, der um die Windschutzscheibe fegte, und meinen eigenen Puls im Ohr. Wie kommt es nur, dass das eigene Herz rast, während man alles andere nur in Zeitlupe wahrnimmt?

Ich blickte zu Juan DeVevo hinüber, der verschmitzt lächelte, und hätte ihn am liebsten verprügelt. Dann begriff ich, dass es in solch einer Situation nicht unbedingt angebracht ist, dem Piloten ein blaues Auge zu verpassen. Wenn man sich zwischen Himmel und Erde befindet, ist das nicht der geeignete Ort für solchen Schabernack.

Juan spielt bei den Casting Crowns Gitarre. Als ich ihn kennenlernte, studierte er an der *Embry Riddle Aeronautical University* in Daytona Beach. Ich war Jugendpastor der *First Baptist Church* in Daytona, und er war Fluglehrer, der außerdem auch den Lobpreis für die Jugend unserer Gemeinde leitete. Als meine Frau Melanie und ich dann zur *First Baptist Church Eagle's Landing* vor den Toren Atlantas wechselten, kam Juan mit und arbeitete dort als Hausmeister, um finanziell über die Runden zu kommen. Er wusste, dass dies der Ort war, an dem ihn Gott haben wollte. Doch schon in Daytona hatte ich seinen schrägen Sinn für Humor kennengelernt.

Nun bereiteten wir ein Sommerlager für die Jugendlichen unserer Gemeinde vor und mussten das Camp persönlich in Augenschein nehmen.

„Wie weit ist es von hier entfernt?", fragte Juan.

„Vier oder fünf Stunden", entgegnete ich. „Ich habe überhaupt keine Ahnung, wie wir das schaffen sollen, bei all dem, was wir noch zu tun haben."

„Na ja, ich könnte uns fliegen."

„Uns fliegen? Du kannst uns ein Flugzeug besorgen?"

„Jawohl."

„Wunderbar. Dann tu das."

Wenn ich an eine Flugreise denke, bedeutet das für mich große Flugzeuge. Ordentliche Sitze in Reihen, Klapptischchen, Erdnüsse, Stewardessen – das volle Programm. Bei Juan war das anders.

„Wir treffen uns da", sagte er mir und gab mir die Adresse.

Ich fuhr zum Flughafen, doch seine Anweisungen führten mich keineswegs dorthin, sondern daran vorbei zu den kleinen Wellblechhütten dahinter. Die Flugzeuge, die hier herumstanden, wurden immer kleiner, bis ich schließlich in den Bereich kam, wo Juan auf mich wartete. Als ich ihn entdeckte, hielt ich schon Ausschau nach den Fernbedienungen für Modellflugzeuge. Ich war noch nie mit einem Kleinflugzeug geflogen.

„Bist du bereit?", fragte Juan.

„Ja – welche Maschine nehmen wir?"

„Sie steht gleich hier drüben." Juan deutete auf eine kleine viersitzige Cessna.

„Mmm. Okay." Ich atmete tief durch und schluckte. Aber ich lächelte noch. Ich lächelte und nickte unaufhörlich.

„Ich will die Maschine noch schnell durchchecken", sagte er.

Man muss wissen: Wir reden hier über Juan. Ich kenne ihn. An diesem Tag hatte er schon dreimal sein Mobiltelefon verloren. Und da stand er nun und unterzog diese Pappschachtel mit Flügeln einem Sicherheitscheck. Ich war sicher, dass dieses Flugzeug auch mein Sarg werden würde.

Er ging um die Maschine herum, bewegte die Landeklappe mit den Händen auf und nieder, überprüfte den Propeller, sah sich die Verkabelung an und löste das Seil, an dem das Flugzeug verankert war. Als ich sah, wie dünn es war, verlor ich fast den Verstand.

Ich erwartete, dass er jede Sekunde nach vorn zum Propeller gehen und ihn mit einem Gummiband aufziehen würde, wie bei den hölzernen Flugzeugmodellen, mit denen ich als Kind gespielt habe.

Wir kletterten auf den Flügel, um ins Flugzeug zu steigen – noch so eine Sache ... Ich bin erwachsen. Ich muss nicht auf dem Flügel eines Flugzeugs herumklettern, mit dem ich gleich losfliegen will. Wir zwängten uns ins Cockpit, und unmittelbar bevor er den Motor anließ, reichte mir Juan noch einen uralten Kopfhörer, der wie eine Requisite aus der Filmsatire *Die unglaubliche Reise mit einem verrückten Flugzeug* aussah.

Er drehte an einigen Knöpfen und Schaltern herum und gab Gas. Bis zum heutigen Tag ist es das Lauteste, was ich jemals gehört habe. Es klang wie eine Kettensäge in einem Fass in einem Tunnel.

Wir rollten zur Startbahn, während Juan Schalter umlegte, die Instrumente kontrollierte und mit der Flugsicherung sprach: „Tower, C-Five-Six, Vector Niner, Charlie Bravo, 1992 Phi Beta Kappa." Über meinen Kopfhörer bekam ich mit, wie der Mann im Tower in derselben Geheimsprache antwortete. Es wirkte höchst offiziell, obwohl wir nur in einem Kleinflugzeug saßen.

Das gefällt mir überhaupt nicht, dachte ich und fragte mich sofort, ob ich das laut ausgesprochen hatte.

Schon seit vielen Jahren bin ich regelmäßig mit dem Flugzeug unterwegs, und ich habe ganz unterschiedliche Arten von Turbulenzen kennengelernt. Große Flugzeuge hüpfen dabei auf und ab wie ein Auto auf einer unbefestigten Straße. Juans Flugzeug schwankte von links nach rechts, so als ob ein Hund mit dem Schwanz wedelt.

„Das ist nicht gut", hörte ich mich selbst über den Kopfhörer sagen. „Gleich werden wir Jesus begegnen. Noch heute werden wir Jesus begegnen."

Juan blickte mich an und grinste.

Wir stiegen immer höher, bis wir schließlich in einer Höhe von dreihundert Metern in den Geradeausflug übergingen. Endlich war mir wieder etwas behaglicher zumute, und ich wurde wieder gesprächiger. Doch genau an diesem Punkt saß Juan schon wieder der Schalk im Nacken.

„Pass auf, du guckst nach rechts und ich nach links", meinte er.

„Gut. Worauf soll ich achten?", fragte ich nach.

„Auf den Verkehr."

„Bitte? Verkehr? Welchen Verkehr?"

„Wir halten bloß nach anderen Flugzeugen Ausschau. Wir müssen aufpassen, dass uns niemand in die Quere kommt."

„Moment mal. Ich soll aufpassen, dass wir nicht mit einem anderen Flugzeug kollidieren? Meinst du das ernst?"

„Hey, das ist schon in Ordnung. Pass einfach auf."

Inzwischen weiß ich, dass Juan beim Fliegen genau weiß, was er tut, und sich hier einfach einen Scherz mit mir erlaubte. Er kostete diesen Augenblick voll aus. Trotzdem heftete ich meine Augen an den Horizont.

„Da ist wer! Da hinten rechts kann ich ein Flugzeug sehen", rief ich.

„Keine Sorge. Nur ein Vogel."

Als wir den Flughafen und damit den Luftverkehr hinter uns gelassen hatten, ließen die Turbulenzen nach. Ich atmete tief durch und setzte mich bequem hin. Sofort schaute mich Juan mit einem schelmischen Blick an.

„Soll ich dir ein paar Tricks zeigen?"

„Tricks? Was hast du vor?"

„Och, da gibt es viele Möglichkeiten. Ich könnte uns abwärtstrudeln lassen. Man muss Fluglehrer sein, wenn man dieses Manöver durchführen will, und das bin ich ja, also … Hey, ich weiß schon. Pass mal auf."

Juan hielt ein Stück Papier hoch und senkte die Flugzeugnase ab. Das Papier trieb schwerelos vor meinem Gesicht herum. Meinen Verdauungsorganen ging es ähnlich, und fast hätten sie mein Frühstück zum Schweben gebracht.

„Ja, okay, sehr schön", meinte ich mit einem nervösen Lächeln.

„So, jetzt gehen wir noch einmal in den Steigflug und probieren etwas anderes", meinte Juan.

„Was denn?"

„Gleitflug ohne Motor."

Juan kehrte auf unsere ursprüngliche Flughöhe zurück, griff zum Armaturenbrett und drehte den Schlüssel. Bis zu dieser Sekunde war der Lärm ohrenbetäubend gewesen. Obwohl die Kopfhörer meine Ohren schützten, hatte ich das Gefühl, mein Hirn rattere. Doch dann schaltete er in den Leerlauf. Der Motor war nicht ganz aus, aber der Propeller drehte sich nicht mehr.

Es herrschte fast völlige Stille. Fast. Durch den Kopfhörer konnte ich den Wind über die Tragflächen fegen hören.

„Was hast du gerade gemacht?", fragte ich mit weit aufgerissenen Augen.

„Wir befinden uns jetzt im Gleitflug." Er zuckte gleichgültig mit den Achseln.

„Mach sofort den Motor wieder an!"

„Nein, nein. Schon in Ordnung", entgegnete Juan. „Jeder Fluglehrer muss das seinen Schülern beibringen. Eine ganz alltägliche Übung."

„Stell den Motor wieder an, Mann. Stell einfach den Motor wieder an." Ich war hin- und hergerissen, ob ich ihn lieber anbetteln oder doch verprügeln sollte.

Er grinste wieder. Juan zwinkert immer, wenn er lächelt, aber nervös wird er nicht. Niemals.

„Alles bestens", meinte er. „Versprochen."

Ich hielt es nicht mehr aus.

„Stell jetzt endlich den bescheuerten Motor an!", rief ich, und dafür brauchte ich nicht einmal das Mikrofon an meinem Headset. Meine Halsvene pulsierte. Während ich ihn noch anstarrte, setzte er den Propeller wieder in Bewegung.

„Mach das ja nicht noch einmal", sagte ich.

Juan grinste noch einmal und kniff die Augen zusammen. Ich lächelte zurück, doch das verriet nur, wie unwohl ich mich fühlte und wie schweißnass meine Hände waren.

Inzwischen weiß ich, wo mein Problem lag. Juan ist Fluglehrer. Er kann nicht nur fliegen, sondern bringt es anderen auch noch bei. Er weiß also genau, was er tut. Ich aber hatte keinerlei Kontrolle über diese Situation. Ich war hilflos. Was immer mit mir geschah, geschah, und ich konnte nichts daran ändern.

An diesem Tag zeigte mir Gott einiges über mich selbst.

Wenn ich alles unter Kontrolle habe, bete ich. Doch wenn das Leben außer Kontrolle gerät, versuche ich, selbst alles in Ordnung zu bringen und zu reparieren. Vielleicht hat das etwas damit zu tun, dass ich ein Mann bin und meinen Stolz habe. Statt mich Jesus zuzuwenden, drehe ich mich zu den Pfützen, die ich für Brunnen halte, und tauche meinen Eimer hinein, um immer dieselben alten Lösungen zu finden.

Wenn ich eine Situation unter Kontrolle habe – meine Arbeit, meine Familie, mein Leben –, bete ich. Das ist so ungefähr das Blödeste, was man von sich sagen kann, aber es trifft auf viele von uns zu. Wir können das Leben zu unseren Bedingungen führen und einen kleinen Bereich für Gott reservieren, damit wir mit ihm in Kontakt bleiben.

Wenn ich die Fäden jedoch nicht mehr in der Hand halte, höre ich auf zu beten und schöpfe aus meinen Pfützen, damit ich die Situation unter Kontrolle bekomme und wieder beten kann.

Für die meisten von uns sind Gebet und Gott die letzte Zuflucht. Gott ist Plan B. Wenn jemand sagt: „Ich bete für dich", zucke ich innerlich zusammen und sage mir: *Oh, so schlimm steht es schon? Ist die Situation wirklich so bedenklich, dass wir beten müssen?* Wenn mir jemand erzählt, dass er für mich beten will, nehme ich an, es liege daran, dass er keine Antwort auf meine Frage hat. Das ist nicht nur falsch gedacht, sondern zeugt auch von einer falschen Einstellung.

Wenn ich an diesen Tag im Flugzeug mit Juan zurückdenke, begreife ich, dass ich mich in bestimmten Lebensbereichen sehr sicher fühle. Das ist zum Beispiel der Fall, wenn ich mich auf den Jugendgottesdienst am Mittwochabend vorbereitet habe, wo ich die Predigt halte. Das Problem ist nur, dass man sich dabei so leicht dem Willen Gottes entzieht.

Als Juans Flugzeug wieder in Daytona gelandet war, tastete ich mich erst einmal am ganzen Körper ab, um zu sehen, ob ich noch heil war. Das Erlebnis gab mir außerdem einigen Stoff zum Nachdenken über mein geistliches Leben. Dabei erkannte ich, dass *Vertrauen* ein fromm klingender, aber bequemer Begriff ist, mit dem wir um uns werfen. Ich merkte, dass mich eine winzige Cessna und ein Kopfhörer aus den 70er-Jahren dazu bringen können, auf unerwartete Art und Weise auf Gott zu hören. Und ich lernte, dass es hoch am blauen Himmel, wenn der Motor nicht läuft und man die Dinge aus Gottes Perspektive sieht, viel einfacher ist, die Pfützen zu sehen, die man vorher für Brunnen gehalten hat.

Das Schiffswrack

Der langsame Tod lauert in einer lautlos dahingleitenden Cessna in tausendfünfhundert Metern Höhe, doch ein noch langsamerer Tod ist das Geräusch der wütenden Wogen im Sturm, die gegen ein zerbrechliches Schiff schlagen.

In Apostelgeschichte 27 wird erzählt, wie der Apostel Paulus unter Deck eines böse zugerichteten hölzernen Schiffs kauert und betet, dass der bereits seit zwei Wochen andauernde Sturm abflauen möge. Der Gestank von Erbrochenem steigt ihm in die Nase. Sein Magen verlangt nach Nahrung. Die salzige Gischt brennt ihm in den Augen, die Fesseln schneiden sich in seine Handgelenke. Es war der Glaube an Jesus, der einen der hervorragendsten Gelehrten in Israel in diese Situation gebracht hat.

Paulus ist auf dem Weg nach Rom, wo sein Fall vor dem Kaiser verhandelt werden soll. Er sieht die Angst in den Augen des römischen Hauptmanns Julius, der ihn dorthin bringen soll, und weiß, dass sich der Römer fragt, wie das alles enden wird.

Tag und Nacht schlagen die Wellen ans Schiff. Zunächst holen die Seeleute das Rettungsboot ein, das sie im Schlepptau haben. Sie winden Taue um den Rumpf des Schiffes in der Hoffnung, dass es nicht auseinanderbricht. Am dritten Tag müssen sie die Schiffsausrüstung über Bord werfen. Alle haben die Hoffnung aufgegeben, das Schiff noch retten zu können (Apostelgeschichte 27,20).

Alle – außer Paulus.

„Da rief Paulus die Besatzung zusammen und sagte: ‚Männer, ihr hättet von Anfang an auf mich hören sollen. Hättet ihr Kreta nicht verlassen, dann wäre euch dieser Schaden und dieser Verlust erspart geblieben. Aber lasst den Mut nicht sinken. Keiner von euch wird sein Leben verlieren, obwohl unser Schiff untergehen wird'" (Verse 21-22). Dann erklärt er ihnen, dass das Schiff vor einer Insel auf Grund laufen wird.

Warum ist Paulus das Schicksal dieser Menschen eigentlich nicht völlig egal? Er ist ihr Gefangener. Sie bringen ihn zu einer Verhandlung, von der er weiß, dass sie mit seinem Todesurteil enden könnte. Trotzdem betet er für sie und bringt zum Ausdruck, dass ihm ihr Schicksal am Herzen liegt.

Paulus hat genau erfasst, was um ihn herum vorging. Damit meine ich nicht nur das Offensichtliche – das wäre ja kein Kunststück. Er besaß Einblick in das, was über das Offensichtliche und die augenblickliche Situation hinausging. Er konnte aus dem Gefängnis einen freudigen Brief an die Philipper schreiben. Er konnte Gott verherrlichen, nachdem man ihn verprügelt und aus der Stadt gejagt hatte. Immer sah er das Leben aus der Perspektive der Ewigkeit. Mir gelingt das ein- oder zweimal am Tag, sonntags vielleicht auch dreimal.

Ich sehe mir unglaublich gerne Filme an. Aber mir mit meiner Frau Melanie einen Film anzugucken, den sie schon kennt, treibt mich fast in den Wahnsinn. Alle dreißig Sekunden sagt sie: „Jetzt musst du genau aufpassen. Das ist wichtig." Dann kommt die entsprechende Szene, und sie meint: „Ah ja. Merk dir das, Mark, das kommt nachher noch mal vor."

„Schön, dass du da bist", sage ich dann. „Ich weiß nicht, wie ich das ohne dich geschafft hätte." Den ganzen Film über macht sie so weiter, bis ich sie anfahre: „Kannst du bitte damit aufhören, mir den ganzen Film zu erzählen?"

Und dann wendet sich das Blatt. In einer besonders spannenden Szene frage ich Melanie: „Und, was passiert jetzt gleich?"

Ich sehe, wie Melanie die Augenbrauen hochzieht, die Lippen aufeinanderpresst, kurz nickt und sagt: „Hm."

Das ist wirklich ein Problem.

Wenn man sich einen Film anschaut, den man schon kennt, kann man die interessanten und spannenden Szenen genießen, aber man weiß, wie der Film ausgeht. Man hat schon alles gesehen. So lebte Paulus. Er lebte, als hätte er den Film schon gesehen.

Er führte ein radikales Leben und wusste nicht, was der nächste Tag bringen würde. Dauernd geschahen völlig verrückte Dinge. Ob er nun in einer Gefängniszelle saß, man ihn umzubringen versuchte oder ihn die Gemeinde im Stich ließ, immer sagte er: „Gott führt alles zum Guten."

Wer kann so reden? Nur jemand, der den Film schon gesehen hat und weiß, wie es ausgeht.

Im 2. Timotheusbrief schreibt Paulus unmittelbar vor den letzten Anweisungen, die er seinem Sohn im Glauben erteilt: „Übrigens, Timotheus, in der Provinz Asien haben mich alle verlassen."

Wie bitte? Das ist etwas völlig anderes, als wenn ich sage: „Melanie, heute hat mich jemand mit einer spitzen Bemerkung wirklich verletzt." Nein, er sagte: „Ganz Asien hat mir den Rücken gekehrt. Eine ganze Provinz hat mich im Stich gelassen."

Er konnte irgendwie weitermachen, indem er aus dem einzig wahren Brunnen schöpfte. Timotheus erklärt er: „Aber ich schäme mich deswegen nicht, weil ich ja weiß, auf wen ich mein Vertrauen gesetzt habe, und weil ich sicher bin, dass er bis zum Tag seines Kommens bewahren kann, was mir anvertraut wurde" (2. Timotheus 1,12).

Paulus begriff, dass Gott ihm immer beigestanden hatte, und er vertraute ihm, wo immer er ihn hinführen würde. Das verlieh ihm einen fast unheimlichen Scharfblick; er konnte die Dinge aus der Perspektive Gottes sehen. Mit anderen Worten: Jesus war sein Brunnen.

Sein Brunnen war nicht, dass die christliche Gemeinde sein Tun billigte. Sein Brunnen war nicht die Reaktion der Herrschenden, auch nicht die Möglichkeit, vor vielen Menschen zu predigen. Manche von ihnen griffen sogar nach Steinen, um ihn umzubringen.

Wenn ich eine kritische E-Mail von der Mutter eines Jugendlichen in meiner Gemeinde erhalte, beschäftigt mich das volle drei Tage. Ich kann an nichts anderes mehr denken. Nicht so Paulus. Er schien den nächsten Akt bereits zu kennen. Er war überzeugt davon, dass es gut ausgehen würde. Und so lebte er auch.

> Wer kann so reden? Nur jemand, der den Film schon gesehen hat und weiß, wie es ausgeht.

ZERBROCHEN

Als sich Paulus' Schiff dem Land nähert, zeichnet sich eine neue Gefahr für die zweihundertsechsundsiebzig Menschen an Bord ab: „Und da sie fürchteten, dass wir auf die Felsbänke vor der Küste auflaufen könnten, warfen sie deshalb am Heck vier Anker aus und hofften auf das Tageslicht" (Apostelgeschichte 27,29).

Das klingt nach einer dramatischen Romanszene. Die Nacht muss endlos lange gedauert haben. Sie sitzen im Dunkeln, das Schiff schwankt bedrohlich, und sogar die mit einem unverwüstlichen Magen laufen im Gesicht grün an. Sie sind Seeleute. Sie wissen, dass es nicht gut aussieht. Schon denken sie insgeheim darüber nach: „Wen oder was sollen wir über Bord werfen, damit wir überleben?"

Sie schmieden den Plan, sich heimlich im Rettungsboot davonzustehlen, das sie einige Zeit zuvor an Bord gehievt haben. Obwohl Paulus ihnen erklärt hat, was geschehen wird, planen sie lieber auf eigene Faust. Obwohl Paulus, ein bewährter Mann Gottes, ihnen versichert hat, dass sie überleben werden, sagen sie sich: „Ich weiß nicht recht. Der Sturm flaut nicht ab. Es sieht nicht gut aus."

> Wenn die Wellen gegen unser Lebensschiff schlagen und es zu zerbrechen droht, sagen wir uns: „Ich weiß nicht recht", und versuchen uns wie die Seeleute aus dem Staub zu machen.

Das bringt mich zum Nachdenken. Uns Christen wurde die Wahrheit geschenkt. Wir haben Gottes Wort. Gott hat uns unterwiesen und ausgerüstet, weit über das Maß hinaus, das unserem Gehorsam entspräche. Doch wenn die Wellen gegen unser Lebensschiff schlagen und es zu zerbrechen droht, sagen wir uns: „Ich weiß nicht recht", und versuchen uns wie die Seeleute aus dem Staub zu machen.

An Bord des Schiffs muss Paulus noch einmal eingreifen. „Doch Paulus sagte zum Offizier und den Soldaten: ‚Wenn die Seeleute nicht an Bord bleiben, könnt ihr nicht gerettet werden.' Da kappten die Soldaten die Seile und ließen das Boot ins Meer fallen" (Apostelgeschichte 27,31–32).

Das ist ganz entscheidend: Kapitän, Besatzung, Offizier und Soldaten verlassen sich schließlich auf das, was Paulus sagt. Wir werden noch sehen, was dieser Vers mit unserem Glauben zu tun hat. Bei Ebbe und bei Flut sollten wir unser Leben an diesem Vers messen und damit vergleichen.

Paulus' Schiff nähert sich dem Land, nur um vor der Küste auf Grund zu laufen. Die Brandung zertrümmert den hölzernen Rumpf. Paulus hat versprochen, dass alle überleben werden. Die Soldaten wissen, dass sie sich selbst nur retten können, wenn sie über Bord springen und ans Ufer schwimmen, und überlegen daher, alle Gefangenen, Paulus eingeschlossen, zu töten. Sie müssen mit der Todesstrafe rechnen, wenn ihnen ein Gefangener entkommt.

Paulus jedoch hat eine gute Beziehung zum verantwortlichen Offizier Julius. Er hat ihm von Gott erzählt und ist seinem Bewacher freundlich begegnet. Die verzweifelten Soldaten, die Julius untergeben sind, sehen nur eine Möglichkeit, sich zu retten. Julius schwebt etwas anderes vor: „Aber der Hauptmann wollte Paulus verschonen und hinderte sie daran, diesen Plan in die Tat umzusetzen. Dann ließ er alle, die schwimmen konnten, zuerst über Bord springen und sich an Land in Sicherheit bringen, während er die anderen aufforderte, sich an den Planken und Bruchstücken des Schiffes festzuhalten. So wurden alle gerettet und gelangten sicher ans Ufer" (Apostelgeschichte 27,43-44).

Achten Sie darauf, dass das Schiff erst zerbrechen musste, bevor die Menschen sich ans Ufer retten konnten. Ich entdecke darin ein Bild für Jesus. Das Schiff, das sie trägt und am Leben erhält, muss für ihre Rettung geopfert werden. Manche schwimmen aus eigener Kraft ans Ufer, doch viele klammern sich auch an schwimmenden Gegenständen fest. Wie kommen sie ans Ufer?

Auf den Trümmern des Schiffs.

Paulus hat allen erklärt, dass sie überleben werden, solange sie sich nicht vom Schiff trennen. Es kommt genau so, wie er es vorhergesagt hat. Darüber hinaus hat er ihnen erklärt, dass das Schiff zerbrechen müsse, und auch das trifft ein.

Haben Sie den Schlüsselvers von vorhin noch im Kopf? *„Da kapp-*

ten die Soldaten die Seile und ließen das Boot ins Meer fallen." Sie trennten sich vom Rettungsboot.

Ich las diesen Vers und stellte mir dabei die Besatzung vor. Sie alle verdienen ihr Geld als Seeleute und sind versiert. Als sie die Taue des Rettungsboots kappen, während sie sich nur mit Mühe an Deck halten können, muss ihnen bewusst sein, welche wichtige Entscheidung sie gerade gefällt haben.

„Was um alles in der Welt tun wir hier bloß? Das war's dann wohl. Das hier ist das Rettungsboot. Das heißt ja nicht zufällig so. Damit können wir uns retten, und wer nicht im Rettungsboot sitzt, wird nicht mit dem Leben davonkommen."

Die Seeleute kennen die Gesetze des Meeres. Rettungsboote sind klein und können auf den hohen Wellen reiten, die ein größeres Schiff zertrümmern würden. Diese Wellen könnten sie bis ans Ufer tragen. Sie rechnen alles durch, sehen dem Tod ins Gesicht und sagen sich: „Jeder kämpft jetzt für sich allein. Ich habe eine Familie, ich habe mein Leben, und die Gefangenen sind mir egal. Es sind schließlich nur Gefangene."

Doch dann geschieht etwas Außergewöhnliches: Der Gefangene rettet die Menschen, die ihn bewachen. Die Seeleute verzichten auf ihre einzige vernünftige Chance zu überleben. Auf das Wort eines geheimnisvollen, doch offenbar mächtigen Gefangenen hin, den sie erst seit einigen Wochen kennen, kappen sie die Taue des Rettungsboots und lassen es davontreiben. „Gut, dann machen wir es so. Er muss die Wahrheit gesagt haben. Bisher hat Paulus noch jedes Mal richtiggelegen."

DAS SCHIFF

Haben wir so wie die Seeleute die Taue unseres Rettungsbootes schon gekappt? Haben wir alle vernünftigen Lösungsmöglichkeiten verworfen, oder ist Jesus immer noch Plan B? Ist er die Notrufnummer, die wir nur wählen, wenn sonst nichts mehr funktioniert?

Jesus wollte nie unser Rettungsboot sein. Er ist das Schiff. Er ist nicht Plan B. Er ist nicht die letzte Hoffnung, wenn ansonsten nichts mehr geht. *Er* ist das Schiff. Wenn wir unser Leben so führen, als wäre er Plan B, führen wir nicht das Leben, das Gott für uns im Sinn hatte. Es kann sein, dass wir Gott in vielen Lebensbereichen vertrauen, in ein oder zwei anderen jedoch an ihm zweifeln. Es ist kein Problem, soweit es unsere Arbeit und unsere Gesundheit betrifft, doch wenn es um unsere Kinder geht, klammern wir uns an sie und denken: *„Na ja, ich weiß nicht recht."*

Jesus wollte nie unser Rettungsboot sein. Er ist das Schiff.

Wenn das Leben außer Kontrolle gerät, wir zu beten aufhören und selbst nach Lösungen suchen, schöpfen wir nicht nur aus selbst gemachten Pfützen, sondern uns mangelt es auch an Glauben, dass der wahre Brunnen wirklich existiert. Wenn wir Gott bestimmte Lebensbereiche vorenthalten und unsere eigenen Pläne schmieden, ziehen wir das Rettungsboot dem Schiff vor. Vielleicht versuchen wir, uns einzureden, dass das Rettungsboot ja zum Schiff gehört und wir uns deshalb irgendwie noch nicht vom Schiff getrennt haben, doch trotzdem entscheiden wir uns für Plan B, für das Zweitbeste.

Vertrauen Sie Christus, oder bestehen Sie darauf, aus Ihrem eigenen Wasserloch zu schöpfen und die Fäden in der Hand zu behalten? Wenn die Wogen hochschlagen und das Salzwasser Ihnen schon bis zum Kinn steht, halten Sie dann Ausschau nach einer nahliegenden Lösung? Wollen Sie ins Rettungsboot steigen? Schließlich heißt es nicht ohne Grund Rettungsboot. Es ist also eigentlich sinnvoll.

Oder klammern Sie sich am Schiff fest, ganz egal, was auch geschehen mag? Vertrauen Sie Gottes Wort und bleiben im Schiff, auch wenn Sie das Gefühl haben, es könnte auseinanderbrechen? Haben Sie schon einmal den Punkt erreicht, an dem Sie das Steuerrad losgelassen, hilflos die Hände erhoben und sich in die Arme des Herrn geworfen haben, der auch über den Sturm Macht hat?

Der Kampf gegen meinen Kontrollzwang scheint kein Ende zu nehmen. Wenn ich Jesus erzähle, dass ich eine bestimmte Last abgelegt habe, merke ich oft, dass ich eigentlich gar nicht vor Gottes Thron niederfalle, von dem lebendiges Wasser strömt. Stattdessen beuge ich mich über das altbekannte Wasserloch des Kontrollzwangs, ziehe an demselben alten Seil, das mir schon früher Schwielen des Kummers, der Mühe und Angst beigebracht hat. Ich schöpfe mit dem zerbeulten Eimer, mit dem ich mir selbst Mut machen will, und halte ihn an meine Brust gedrückt. Vermutlich tue ich das, um mein Herz zu schützen, wenn schon aus keinem anderen Grund.

Eines Tages werde ich damit aufhören und Jesus alle Bereiche meines Lebens übergeben, damit er ausmisten kann. Jede Zelle meines Seins wird dann ihm gehören. Eines Tages werden mir Paulus und die Seeleute in den Sinn kommen, und dann werde ich begreifen, dass der sicherste Ort im Wasser ist, auf den hohen Wellen, wenn ich mich an einem Wrackteil des Schiffes festhalte. Denn jeder Teil des Schiffs ist besser als das stabilste Rettungsboot.

Weil ich glaube, *weiß* ich, dass das geschehen wird. Eines Tages werde ich Apostelgeschichte 27 lesen und glauben, was im letzten Satz steht: „So wurden alle gerettet und gelangten sicher ans Ufer."

KAPITEL 3

TOTER SCHLAMM
DAS WASSERLOCH
DER SUCHE NACH ETWAS
BESSEREM

Im Mai 2010 fuhr ich mit meiner Familie drei Wochen lang nach China, weil wir dort ein dreijähriges Mädchen namens Meeka adoptieren wollten. Noch vor der Reise entschlossen wir uns, ihr einen neuen Namen zu geben. Hope – Hoffnung.

Meeka Hopes Heimatland wurde in vieler Hinsicht von einem Jungen namens Qin geprägt, der später einmal König werden sollte.

Zum ersten Mal hörte ich von Qin Shihuangdi, als ein Freund meiner Frau und mir eine Führung durch das *High Museum* in Atlanta schenkte. Er hatte sich wirklich etwas dabei gedacht, es war ein kreatives Geschenk und mal etwas anderes. Außerdem mag ich Museen. Manchmal.

Ich besuche gern hin und wieder eine Ausstellung, aber es muss schnell gehen. Ich muss bei den Ausstellungsstücken nicht einmal stehen bleiben. Ich gehe einfach hindurch und sage: „Ah ja, das ist interessant ... Oh, guck mal. Das sieht schön aus." Melanie dagegen bleibt überall stehen. Was auf den Informationstafeln steht, liest sie sich durch, ganz egal, wie lang der Text ist.

Als wir einmal eine Bootstour um die Freiheitsstatue machten, rief meine Frau beim Anblick von Ellis Island aus: „Oh, das Besucherzentrum! Ich wette, die haben da jede Menge spannender Faltblätter!" Ich warf ihr einen Blick zu, der bedeuten sollte: *Von welchem Planeten kommst du denn?* Mir ist noch nie ein Faltblatt in die Finger gekommen, das ich als spannend betrachtet hätte.

Wenn wir ins Museum gehen, fühle ich mich immer ein bisschen unbehaglich, weil ich nicht genau weiß, was mich erwartet. Muss ich dauernd stehen bleiben, weil Melanie hundert Informationstafeln durchliest? Wie lange wird das dauern? Wie interessant wird das werden? Und gibt es dort Smarties?

Doch dieses Museum war anders. Zunächst einmal händigte man uns, sobald wir durch die Tür gekommen waren, einen kleinen Kopfhörer aus, den wir während der gesamten Führung tragen sollten. Bei jeder Station drückten wir einen Knopf, und eine Stimme erklärte uns in allen Einzelheiten, was wir gerade sahen. Ein Legasthenikerparadies!

Die Informationstafeln konnte ich ignorieren und einfach zuhören. Ich kam aus dem Lächeln gar nicht wieder heraus.

Außerdem lernte ich Qin kennen.

GIFT

In der Ausstellung waren fünfzehn große Kriegerstatuen aus Terrakotta zu sehen, die den Gang säumten. Irgendwann fing mein Bein an zu schmerzen, und ich beschloss, mich neben einer der Figuren hinzusetzen. Während ich mich ausruhte, drückte ich auf den Knöpfen herum und bekam eine außerordentlich faszinierende Geschichte zu hören. Ich tauchte in die Welt des jungen Qin ein.

Qin Shihuangdi war der erste Kaiser von China. Schon als Dreizehnjähriger folgte er seinem Vater nach dessen Tod auf den Thron seiner Heimatprovinz. Sein Vater war nur drei Jahre König gewesen, als der kleine Qin an die Macht kam. Doch keine Sorge. Qin war ein Genie, und jeder wusste das.

Qin war mehr als frühreif. Ihm wird das Verdienst zugeschrieben, China vereinigt und zu dem beeindruckenden Reich gemacht zu haben, das wir heute kennen. Er war die treibende Kraft hinter neuen Entwicklungen in Waffentechnik, Architektur und Baukunst, die wir zum Teil heute noch nutzen.

So viel Qin in den elf kurzen Jahren als Kaiser auch in Bewegung setzte, rankt sich doch die faszinierendste Geschichte um seinen Tod – genaugenommen darum, wie er sich darauf vorbereitete. Er lebte über zweihundert Jahre vor Christi Geburt, doch berühmt machte ihn eine 1974 gemachte Entdeckung. In diesem Jahr legten Bauern unweit der Stadt Xi'an drei gigantische Gruben frei, die heute von einem unterirdischen Gebäude in der Größe eines Flugzeugshangars umgeben sind.

In diesen Gruben befinden sich über 8000 Soldaten, 130 Wagen und 670 Pferde. Das sind nicht die Überbleibsel seiner wirklichen Armee, sondern etwa ein Meter achtzig hohe Skulpturen. Als er, der erste Kaiser von China, starb, wurde er mit seiner Terrakottaarmee begraben.

Terrakotta ist im Wesentlichen dasselbe Material, aus dem wir heute Blumentöpfe herstellen.

Als Qin ein milchgesichtiger Teenager war, existierte China noch gar nicht als Staat. Damals bestand es aus sieben unabhängigen Gebieten. Qin bestieg den Thron von Qin, seines Heimatstaates, als er gerade im Teenageralter war. Als Jugendpastor weiß ich, wie unmöglich das klingt. Von 246 bis 221 v. Chr. herrschte er über diesen Staat, bis er China vereinigte und sich selbst zum Kaiser krönte. Von nun an nahm er tief greifende Reformen in Angriff.

Als Qin an die Macht kam, baute er eine Armee auf und ersann eine völlig neue Schlachttaktik. Wenn Sie einen Film wie *Braveheart* oder *Gladiator* sehen, wer steht dann an vorderster Front? In der Ausstellung hieß es, dass Qin die Taktik einführte, zuerst die Bogenschützen in die Schlacht zu schicken. Sogar in seiner Terrakottaarmee stehen sie in der ersten Reihe. Und womit werden heute meistens Kriege eröffnet? Mit Luftangriffen.

Unter Qin machte die Waffentechnik beträchtliche Fortschritte. Er führte die Armbrust ein, mit der man weiter schießen konnte als mit dem herkömmlichen Bogen.

Ob er moralisch gesehen ein guter Mensch war, darüber gehen die Meinungen auseinander. Um ihm Gerechtigkeit widerfahren zu lassen, muss man sagen, dass er zumindest China vereinigte und eine Zentralregierung schuf, die es vorher nicht gegeben hatte. Er führte eine einheitliche Währung ein, die in China bis ins zwanzigste Jahrhundert hinein in Umlauf war. Wir reden hier nicht von einem geistig minderbemittelten Schlägertyp, sondern von einem hochbegabten Mann.

Mitten in diesem Prozess der Umgestaltung wandte er sich einem neuen Hobby zu. Die chinesische Mauer ist jedem ein Begriff. Es war Qin, der mit dem Bau dieses netten kleinen Schutzzauns begann. Ich habe die chinesische Mauer 2009 besucht. Sie ist unglaublich groß und stabil. Man denkt gar nicht an eine Mauer. Man denkt: *Was für ein schönes Gebäude – ein sehr, sehr langes und gewundenes Gebäude.* Es erstreckt sich über fast neuntausend Kilometer, und es heißt, man könne die Mauer vom Weltraum aus sehen.

Das alles erzähle ich Ihnen, weil ich damit eine Frage verbinden will. Wie konnte solch ein Genie auf die Idee verfallen, sich etwas so Nutzloses wie eine Terrakottaarmee errichten zu lassen, ein wahres Meer von Statuen?

Es sollte uns eigentlich nicht überraschen. Wir machen es nämlich ständig genauso. Wir lassen uns von unseren eigenen Plänen und Ideen ablenken, weil wir glauben, alles besser zu wissen, sogar besser als Gott. Wir wollen immer mehr, immer Besseres. Qin machte sich nicht die Mühe, Antworten beim einzig wahren Gott zu suchen, sondern forschte selbst nach Lösungen: Was kann ich tun, um meine Situation zu verbessern?

Der erste chinesische Kaiser machte sich Feinde, während er ein Reich errichtete, das seinesgleichen suchte. Weil er das wusste, ordnete er an, dass nur er innerhalb des Palastkomplexes Waffen tragen durfte. Eines Tages schlich sich ein Vertrauter des Kaisers mit einem in einer Schriftrolle verborgenen Messer in dessen Gemächer. Der Schuss ging jedoch nach hinten los. Es gelang ihm nicht, den Kaiser zu verletzen, der nun seinerseits in Ninja-Manier auf den Möchtegernmeuchelmörder losging und ihn umbrachte.

> Wir lassen uns von unseren eigenen Plänen und Ideen ablenken, weil wir glauben, alles besser zu wissen, sogar besser als Gott.

Wieder einmal hatte sich Qin als der Stärkere erwiesen. Doch dass ein Freund, dem er vertraute, versucht hatte, ihn umzubringen, brachte ihn völlig durcheinander.

Der Kaiser begann, sich zu verändern. Auf der einen Seite wusste er, wie mächtig er war. Doch nach diesem missglückten Attentat begriff er, dass es einen Rivalen gab, dem er nicht gewachsen war: den Tod selbst. Kaiser hin, Kaiser her, er musste sich im Hinblick auf die Ewigkeit mit denselben Fragen auseinandersetzen wie jeder von uns. Darüber verlor er den Verstand. Dieser neue Feind trieb ihn um wie einen Besessenen.

Sein Gedankengang war in etwa so: *Ich habe in der Politik Siege davongetragen; ich habe in der Architektur Siege davongetragen; ich habe in Wissenschaft und Kriegskunst Siege davongetragen. Jetzt muss ich auch noch den letzten großen Feind besiegen, den Tod.*

Seine Botschaft erging an alle Alchimisten und Medizinkundigen. Sie alle fragte er nach einem Zaubertrank oder -spruch, der ihm ewiges Leben schenken würde. Aus irgendeinem Grund verfiel er schließlich auf Quecksilber. Er begann dieses giftige Metall zu sich zu nehmen, nachdem ihm ein Berater erklärt hatte, dass er so für immer am Leben bleiben würde. Keine gute Idee.

Inzwischen beunruhigte Qin der Gedanke an die vielen Armeen, die er besiegt hatte. *Wenn ich im Jenseits ankomme, warten sie schon auf mich. Ich muss einen Weg finden, sie im Leben nach dem Tod zu besiegen.*

Vielleicht lag es am Quecksilber – der Kaiser jedenfalls kam auf die Idee, eine ganze Armee aus Statuen zu schaffen. Er erwartete, dass die Krieger nach seinem Tod für ihn kämpfen und ihn beschützen würden. Dabei gab es nur ein kleines Problem. Seine Soldaten waren aus Ton.

Ton ist Schlamm. Schlamm ist tot. Und am Grund jedes von uns selbst gegrabenen Wasserlochs finden wir genau das – toten Schlamm. Künstler können aus Ton herrliche Skulpturen wunderschöner Menschen schaffen, doch keine von ihnen wird jemals einen Atemzug tun. Es ist gar nicht so einfach, in den Kampf zu ziehen, wenn man weder Arme noch Beine bewegen kann. Wir brauchen unbedingt lebendiges Wasser, um Antworten auf unsere Fragen zu finden, keinen toten Schlamm.

Qin kam schon in jungen Jahren auf den Thron, und er starb auch jung. In seiner geistigen Verwirrung nahm er weiter Quecksilber zu sich, bis er am 10. September 210 v. Chr. im Alter von neunundvierzig Jahren starb. Als Bauern 1974 beim Brunnenbau (und darin liegt eine gewisse Ironie) auf die Terrakottaarmee stießen, bestanden die Soldaten nach wie vor aus Ton. Zweitausend Jahre lang hatten sie regungslos dagestanden. Leblos. Empfindungslos. Tot.

> Am Grund jedes von uns selbst gegrabenen Wasserlochs finden wir genau das – toten Schlamm.

Es alleine schaffen wollen

Gleich zu Anfang seines Briefs an die Galater macht der Apostel Paulus deutlich, dass er sich an einer bestimmten Entwicklung in den Gemeinden dieser Region stört. Während seiner Abwesenheit waren Irrlehrer eingedrungen und hatten die aufrichtigen Christen überredet, dass sie nur dann wirklich Jesus nachfolgen könnten, wenn sie auch das Judentum praktizierten, so wie sie es von klein auf kannten.

Man hört förmlich Paulus' anklagende Stimme:

> O ihr unverständigen Galater! Wer hat euch so durcheinandergebracht? Ihr habt doch so klar erkannt, was der Tod von Christus für uns bedeutet, als ich euch Jesus Christus, den Gekreuzigten, vor Augen malte! Sagt mir: Habt ihr den Heiligen Geist etwa durch das Befolgen des Gesetzes empfangen? Natürlich nicht. Der Heilige Geist kam auf euch herab, nachdem ihr die Botschaft von Christus gehört und ihr geglaubt habt. Versteht ihr das denn wirklich nicht? Ihr habt begonnen, ein Leben mit dem Heiligen Geist zu führen. Warum wollt ihr jetzt auf einmal versuchen, es aus eigener Kraft zu vollenden? (Galater 3,1-3).

Mit anderen Worten: Habt ihr den Heiligen Geist empfangen, weil ihr Gutes tut und gute Menschen seid, oder habt ihr ihn empfangen, weil ihr dem Evangelium der Gnade glaubt?

Wissen Sie, warum es nicht ausreicht, ein guter Mensch zu sein? Weil wir keine guten Menschen sind. Wir sind ziemlich schlecht. Wir sind bis ins Mark verdorben. Niemand hat uns beigebracht zu lügen. Niemand hat uns beigebracht, uns mehr für die Angelegenheiten anderer Leute zu interessieren als für unsere eigenen. Niemand hat mir beigebracht, wie ich die Schuld auf meine Schwester schiebe. Das kommt nicht aus dem Guten im Menschen. Das kommt aus der Finsternis, die in Ihnen und mir wohnt.

Paulus erinnert diese frischen Christen, die sich erst vor kurzer Zeit bekehrt haben, dass niemand von uns in den Himmel kommt, weil er so gut ist. Wir kommen in den Himmel, weil wir die gute Nachricht von der Errettung glauben und Christus vertrauen.

Das also ist das große Thema in diesen Gemeinden, und das ist auch der Grund, warum es uns alle angeht. Alle Bücher der Bibel sind Briefe, die in unterschiedliche Phasen und Situationen unseres Lebens hineinsprechen. Wir alle sind irgendwann einmal Philipper – Juhu! –, aber manchmal sind wir auch Galater.

Die Gemeinden in Galatien hatten einen guten Start hingelegt. Auf seiner ersten Missionsreise hatte Paulus diese Städte besucht, war in die Synagoge gegangen und hatte gesagt: „Wisst ihr, um was es hier geht? Ihr habt Jesus umgebracht! Darum geht es."

Paulus besuchte auch Städte, in denen es mehr Nichtjuden als Juden gab. Nachdem man ihn und seine Botschaft in den Synagogen zurückgewiesen hatte, predigte er überall, wo er auf offene Ohren stieß, solange man ihn nicht aus der Stadt hinauswarf. Er fasste den Entschluss, allen Menschen alles zu werden, um einige zu retten. Er predigte schlicht und einfach die Wahrheit, und die Menschen strömten zusammen, um Christus nachzufolgen.

Die Neubekehrten merkten, dass nun eine neue Verantwortung auf sie wartete. „Wir müssen jetzt regelmäßig zusammenkommen, einander lieben und Rechenschaft ablegen", sagten sie und griffen damit Paulus' Worte auf. Der Zimmermann vor den Toren der Stadt und der Bäcker auf der Hauptstraße begriffen, dass sie zusammen beten und füreinander da sein mussten. Das ist der Grund, warum es die Kirche gibt. Und die Gemeinde wuchs. Neue Christen kamen hinzu, von denen man wusste, dass sie gleichzeitig großartig und gefährlich waren – eine explosive Mischung von Leidenschaft und Ahnungslosigkeit. Sie waren geistlich unreif, weil sie die Bibel nicht gut genug kannten.

Manch einer, der sich unter Paulus bekehrt hatte, war zuvor praktizierender Jude gewesen. Andere hatten zu irgendwelchen Sekten gehört. Wenn sie zur Gemeinde gingen, brachten sie immer ihre Altlasten mit. Das geht uns nicht anders, denn auch wir haben mit Belastungen und Problemen zu kämpfen, die wir aus unserer Vergangenheit mitbringen.

Irgendwann, nachdem sie Paulus persönlich erlebt hatten, doch noch bevor er seinen Brief schrieb, waren die Gemeinden in Galatien vom richtigen Kurs abgekommen. „Ich will euch etwas fragen", schreibt Paulus. „Habt ihr den Heiligen Geist empfangen, weil ihr ihn verdient habt oder weil ihr Gott vertraut und euch ihm hingegeben habt?"

Wie viele von uns haben sich nach ihrer Errettung mit Leidenschaft auf das neue Leben eingelassen, waren bereit, jeden Tag Zeit mit Gott zu verbringen und jedem Menschen von Jesus zu erzählen? Wie viele von uns waren so motiviert und begeistert, dass sie in aller Aufrichtigkeit sagen konnten: „Ich liebe Jesus so sehr, dass ich mit seiner Hilfe jetzt bestimmt die Versuchungen in den Griff bekommen werde, die mir früher so sehr zu schaffen machten"?

Viele von uns haben einen guten Start hingelegt, doch irgendwo auf dem Weg hat sich irgendetwas verändert. Vielleicht wurden wir selbstzufrieden. Vielleicht hat uns auch etwas abgelenkt, so wie Qin. Jemand versuchte, ihn umzubringen, und daraufhin warf er seine gesamte Lebensplanung über Bord. Er vereinigte China und schuf ein gewaltiges Reich, doch dann wendete sich das Blatt, weil er fast den Verstand verlor, nachdem jemand einen Dolch in einer Schriftrolle in seine Gemächer geschmuggelt hatte.

Alles lief gut, doch als etwas Schlimmes geschah, begann er, selbst nach Antworten zu suchen.

Kommt Ihnen das bekannt vor? Es ist das Wasserloch der Suche nach etwas Besserem, und es ist gefährlich. Ob es nun um materielle oder geistliche Dinge geht – Menschen legen die erstaunliche Neigung an den Tag, sich immer etwas noch Besseres zu wünschen. Meistens jedoch geht dieser Wunsch auf unsere eigenen Vorstellungen zurück, nicht auf diejenigen Gottes. Manchmal wollen wir etwas noch Besseres haben, weil wir uns mit dem Segen Gottes nicht zufriedengeben. Manchmal geben wir uns mit Gott selbst nicht zufrieden.

Wir können zu modernen Galatern werden. Am Anfang unseres

Glaubenswegs leben wir im Heiligen Geist, doch dann lassen wir uns ablenken, fahren rechts ran und fragen uns: „Wie soll ich das nur schaffen? Ich weiß, dass es irgendwo etwas Besseres geben muss." Es ist ein verlockender Gedanke, in den kalten, glitschigen Schlamm hineinzugreifen und zu versuchen, sich selbst eine kleine Armee zu schaffen, die sich unserer Probleme annimmt.

Wie oft liegen uns Steine im Weg, große, harte Felsblöcke, und statt unsere Probleme an Gott abzugeben, packen wir die Zügel noch fester. Eigentlich sollten wir sagen: „Herr, ich weiß nicht, was ich damit anfangen soll. Ich gebe das in deine Hand." Stattdessen drücken wir mit unserer Handlungsweise aus: „Ich glaube, das ist zu viel für Gott. Ich muss mir überlegen, wie ich das allein schaffe."

DIE „JESUS-UND-THEOLOGIE"

Die Galater hatten sich einer „Jesus-und-Theologie" schuldig gemacht. Bei ihnen war es „Jesus und Judentum". Wenn wir unserem Glauben an Christus noch unsere eigenen Bemühungen als Sahnehäubchen aufsetzen wollen, zeigen wir damit im Grunde, dass wir Jesus nicht wirklich vertrauen. Wir praktizieren eine „Jesus-und-Theologie". Das klingt ziemlich hart, aber manchmal bringen wir zum Ausdruck, dass uns Jesus nicht genug ist und wir an mehr und Besseres glauben.

In dieses Wasserloch der Suche nach etwas Besserem bin ich schon öfter gefallen, als ich zählen kann. Es liegt mir im Blut, dass ich zunächst einmal eigene Pläne schmiede. Ich sage mir: „Ich kann dies und das in die Wege leiten, und dann gehe ich dorthin und mache dieses und jenes. Dann passiert das, und danach kann ich hoffentlich jenes machen."

> Wenn wir unserem Glauben an Christus noch unsere eigenen Bemühungen als Sahnehäubchen aufsetzen wollen, zeigen wir damit im Grunde, dass wir Jesus nicht wirklich vertrauen. Wir praktizieren eine „Jesus-und-Theologie".

Ich errichte mir prächtige Gedankengebäude, die ich zu meiner Rettung nutzen will, aber sie zeigen dieselbe Wirkung wie oral verabreichtes Quecksilber: Sie töten mein geistliches Leben ab.

Mit neunzehn hatte ich alles begriffen. Jesus war cool, ich war gerettet und ging mit meinen Freunden zur Gemeinde. Ich hatte sogar eine tolle Frisur.

Aber mein Leben drehte sich um ein Mädchen. Mein ganzes Leben richtete ich auf diejenige aus, die mein Herz gestohlen hatte. Sie war *die Richtige*. Man musste mich nur fragen.

„Wer ist sie?"

„Die Richtige."

Wir hatten alles genau geplant und wussten, was wir mit unserem Leben anfangen wollten. Ich würde Künstler werden und zeichnen. Lukrativer Job, ich weiß. Das spielte keine Rolle. Wir wollten von Luft und Liebe leben: *Geld brauchen wir nicht. Wir brauchen überhaupt nichts. Wir haben ja uns.*

Einigen wichtigen Leuten gefiel unsere Beziehung nicht, doch wie Qin war ich blind gegenüber der Realität. Ich ging zum College, herzförmige Seifenblasen schwebten über meinem Kopf. Sie ging auch zum College, aber ihre herzförmigen Seifenblasen begannen zu platzen. Sie entdeckte eine ganz neue Welt. Und diese neue Welt war voll von schnuckeligen, interessanten jungen Männern. Sie hatten sogar eine bessere Frisur als ich. Vielleicht zum ersten Mal entdeckte ich, dass das, was ich für einen Brunnen gehalten hatte, in Wirklichkeit nur ein Wasserloch war. Und ich war kopfüber hineingestolpert.

Wenn man sein ganzes Leben auf einen Menschen hin ausrichtet und von diesem Menschen verlassen wird, hat man kein Leben mehr – das musste ich auf die harte Tour lernen. In jener Zeit war ich Gott nicht besonders nahe. Ich führte mein Leben in Eigenregie. Alles wollte ich selbst in die Hand nehmen, denn mir gefiel dieses Wasserloch der Suche nach etwas Besserem und ich hatte mir mein Leben bequem ohne Gott eingerichtet. Dann brach mein ganzes Reich zusammen, und ich wusste nicht mehr, was ich tun sollte.

Das Wasserloch der Suche nach etwas Besserem liegt oft unmittelbar neben dem Wasserloch des Kontrollzwangs. Diese beiden Wasserlöcher ähneln sich, weil wir aus demselben Grund dort graben: Uns mangelt es an Vertrauen zu Gott. Wenn wir vom richtigen Weg abkommen und unseren eigenen Zielen hinterherjagen, sagen wir damit im Grunde: „Ich brauche Gott im Augenblick nicht. Ich ziehe mein eigenes Ding durch."

Was wir tun und beschließen, hat jedoch nicht nur Auswirkungen auf uns selbst, sondern auch auf andere Menschen um uns herum. Irgendjemand beobachtet uns immer. Er sieht, was für uns am wichtigsten ist und wie wir mit Problemen und Versuchungen umgehen. Er sieht, wie wir auf die Dolche anderer Menschen reagieren. Er sieht, ob wir wirkliche Soldaten Christi sind. Oder ob wir nur so tun.

Unsere Terrakottaarmee

Die Lösung für das Problem, dass wir immer auf der Suche nach etwas Besserem sind, ist einfach zu verstehen, aber schwer umzusetzen: „Vertraue auf den Herrn! Sei mutig und tapfer und hoffe geduldig auf den Herrn!" (Psalm 27,14). Immer wieder sagt uns die Bibel, dass wir Gott vertrauen und geduldig auf den richtigen Zeitpunkt warten sollen, bis er uns eine Antwort schenkt und unser Gebet erhört.

> In welcher Lebenssituation Sie sich auch befinden, in der Sie sich nach etwas Besserem sehnen, bringen Sie den Mut auf, der Situation ins Gesicht zu sehen und zu sagen: „Ich will dem Herrn vertrauen."

Ich möchte Sie herausfordern. In welcher Lebenssituation Sie sich auch befinden, in der Sie sich nach etwas Besserem sehnen, bringen Sie den Mut auf, der Situation ins Gesicht zu sehen und zu sagen: „Ich will dem Herrn vertrauen."

Beten Sie. Schütten Sie Gott Ihr Herz aus. Sie dürfen ruhig laut werden und ehrlich sein. Gott kommt damit klar. Dann überlassen Sie alles ihm. Vertrauen Sie Jesus. Dienen Sie ihm und geben Sie ihm die Ehre mit Ihrem Leben, und überlassen Sie ihm, was er daraus macht. Gegen Ende seines Briefs gab Paulus den Galatern folgenden Rat:

Wer nur nach seinen sündigen Neigungen lebt, wird sich damit
selbst zugrunde richten und schließlich den Tod ernten. Aber
wer lebt, um dem Geist zu gefallen, wird vom Geist das ewi-
ge Leben erhalten. Deshalb werdet nicht müde zu tun, was gut
ist. Lasst euch nicht entmutigen und gebt nie auf, denn zur ge-
gebenen Zeit werden wir auch den entsprechenden Segen ern-
ten (Galater 6,8-9).

Bringen Sie den Mut auf, Gott zu vertrauen und geduldig auf ihn zu
hoffen! Es wird sich auszahlen, wenn Sie nicht aufgeben.

Meinen Jugendlichen schenkte ich jeweils eine Miniaturnachbil-
dung eines Terrakottasoldaten. Ich wollte, dass diese kleinen Plastiken
sie daran erinnerten, was Qin und den Galatern widerfuhr: Auch wenn
wir einen guten Start hinlegen, bringen uns Schwierigkeiten und Angst
vom richtigen Weg ab, wenn wir ihn allein bewältigen wollen.

Wofür stehen diese Statuen in Ihrem Leben? Schaffen Sie sich nie
Ihre eigene Armee, um welches Thema es dabei auch gehen mag. Gott
bekommt Ihre Probleme in den Griff – warten Sie also auf seine Antwort. Im Gegensatz zu Qin haben wir eine feste Hoffnung. Anders als
er kennen wir einen Gott, der sich nicht ablenken lässt, wenn es um
uns geht.

Gott vergisst Sie niemals. Auch wenn Sie nicht an Gott gedacht ha-
ben, seit Sie zum letzten Mal eine Kirche betreten haben – er hat Sie
begleitet, Sie im Blick gehabt, mit Ihnen geredet. Und Gott gibt sein
Bestes, um Sie auf ihn aufmerksam zu machen. Gott jagt nicht Ihrem
Land nach. Er jagt nicht Ihrer Stadt nach, nicht einmal Ihrer Gemeinde.
Er jagt *Ihnen* nach, genau wie damals der Frau am Brunnen.

Manchmal trete ich mit einer gewaltigen Armee vor Gott, die ich
mir erschaffen habe, als ich selbst nach Lösungen suchte, statt auf Gottes Führung zu vertrauen und auf seine Antwort zu warten. Dann geht
mir zum Beispiel Folgendes durch den Kopf:

Meine Freunde: Ich werde ihnen schon zeigen, wie toll ich bin.
Mein Geld: Es gehört mir, also werde ich herausfinden, wie ich
das meiste daraus mache.
Mein Ehepartner: Ich behandle ihn so, wie es mir im Augen-
blick richtig vorkommt.

Wir reden uns ein, wir könnten unsere Lage verbessern, wenn man uns nur den Hauch einer Chance gibt. Jede einzelne Lösung, auf die wir selbst verfallen, ist solch eine Statue. Überall bauen wir kleine Armeen selbstsüchtiger Antworten auf, bis wir früher oder später entdecken, dass sie kalt und steril sind, regungslos dastehen wie in dem Mausoleum, das die Arbeiter für Qin errichteten. Familie, Freunde und Kollegen stolpern über unsere kleinen Soldaten, die wir kreuz und quer um uns herum aufstellen. Den Preis dafür zahlen wir daher nicht nur selbst. Es hat Auswirkungen auf uns und auf andere, wenn wir Gott nicht das tun lassen, was nur er allein tun kann.

Die Geschichte von Qin ist historisch verbürgt. Sie ist kein Märchen, kein Trickfilm voller Computergrafiken. Auch die Terrakottaarmee existiert wirklich. Eine kurze Googlesuche fördert Fotos von den über achttausend Statuen zutage, die die Archäologen bisher entdeckt haben. Soldaten, Pferde und Streitwagen stehen in Reih und Glied in den Tongruben. Doch sie werden sich niemals bewegen.

> Überall bauen wir kleine Armeen selbstsüchtiger Antworten auf, bis wir früher oder später entdecken, dass sie kalt und steril sind, regungslos dastehen wie in dem Mausoleum, das die Arbeiter für Qin errichteten."

Nicht ohne Grund habe ich betont, dass wir nicht allein den Preis zahlen, wenn wir aus dem Wasserloch der Suche nach etwas Besserem schöpfen. Über siebenhunderttausend unbezahlte Arbeiter – auf gut Deutsch Sklaven – arbeiteten *sechsunddreißig Jahre*, um diese Statuen zu schaffen. Die Arbeit gestaltete sich besonders mühsam, weil Qin darauf bestand, dass jede Statue einzigartig sein müsse, wie ein lebendiger Mensch. Und tatsächlich tragen sie alle individuelle Gesichtszüge.

Bevor Qin dieses Projekt in Angriff nahm, waren diese Männer frei. Doch dann zog seine richtige Armee durch die Dörfer und nahm Zwangsarbeiter gefangen. Frauen und Kinder verschonten die Soldaten; die Frauen sollten die Bauernhöfe bestellen und die Kinder großziehen. Die Männer aus den Dörfern dagegen wurden verschleppt und zur Arbeit gezwungen, bis sie starben oder umgebracht wurden, weil Qin die Arbeit an seiner tönernen Armee geheim halten wollte.

Stellen Sie sich das einmal vor: siebenhunderttausend Männer, die einen gigantischen Grabkomplex für einen Mann errichten, der seelisch aus dem Gleichgewicht gekommen ist, und sterben, bevor sie ihre Geschichte weitererzählen können. Mir wurde schwindlig, als ich dem Erzähler vom Band zuhörte und die Informationen zu verarbeiten versuchte.

Wo stünde China heute, wenn das nicht geschehen wäre? Wäre es immer noch ein kommunistisches Land, abgeschirmt von der Außenwelt? Und wenn man ein wenig weiterdenkt: Hätte sich China dem Evangelium vielleicht mehr geöffnet? Könnte das größte Land der Erde eine entscheidende Rolle für das Christentum gespielt haben? Und hätte meine kleine Hope schon einmal gehört, dass Jesus sie liebt? Wäre ihr neuer Name mehr als ein Symbol für ihren Neuanfang? Wäre er auch Realität für eine Milliarde ihrer Landsleute?

Heute muss man leider sagen, dass China lediglich ein riesiges Land ist, das auf der Suche nach etwas Besserem ist.

KAPITEL 4

BAUCHKLATSCHER
DAS WASSERLOCH DER
ANERKENNUNG

Im Juli 2008 fand unser Ferienlager für Jugendliche in Tallageda, Alabama, statt, auf einem Gelände der *Global Youth Ministries*. Wir wohnten in einer Hütte auf einem Berg, und unten im Tal gab es einen Swimmingpool, der von allen gern besucht wurde. Dort gab es ein Sprungbrett. Die Jugendlichen von heute haben nicht oft die Möglichkeit, von einem guten alten Sprungbrett zu springen, und deshalb bildete sich davor immer eine lange Schlange.

Eigentlich ergibt sich immer ein ähnliches Bild, wenn wir am Swimmingpool sind. Einige faulenzen einfach, andere spielen Football, wobei einer immer mit dem Ball am Kopf getroffen wird. Viele Jugendliche machen überhaupt nichts, sondern stehen nur im Pool und reden mit ihren Freunden. Ich traue ihnen nicht. Immer wieder denke ich: *Der pinkelt gerade ins Becken. Ja, der pinkelt bestimmt rein.*

Die Jugendlichen in der Schlange vor dem Sprungbrett überlegen sich unglaubliche Sprungdarbietungen, um die anderen zu beeindrucken, und lachen dann mit ihren Kumpeln über die anderen Springer. Jeder Sprung wird ausführlich kommentiert. Wenn nur noch etwa zehn Leute vor einem in der Schlange stehen, überlegt man sich: *Gut. Was mache ich? Vielleicht einen Salto rückwärts. Oder einen anderthalbfachen Salto und einen Paketsprung mit einem angezogenen Bein. Jedenfalls darf ich das nicht vermasseln.*

Für einen Neuntklässler ist der Gruppendruck so hoch, dass es eigentlich nicht mehr nur Spaß ist, wenn er auf das Sprungbrett tritt. Er denkt: *Meine ganze Zukunft hängt von diesem Sprung ab.* Er blickt zu den Punktrichtern und sagt sich: *Ich kann das schaffen. Ich kann das schaffen.* Alle anderen stehen im flachen Ende des Schwimmbeckens oder am Rand, bewerten die Leistung und zeigen mit den Fingern die Punktzahl an.

In jenem Jahr nahm ein Jugendlicher teil, der, nun ja, etwas kräftiger gebaut war. Als ich auf der Highschool war, trugen meine Jeans auch sehr auf. Aus irgendeinem Grund haben gerade die beleibteren Jugendlichen nichts dagegen, sich mit nacktem Oberkörper sehen zu lassen.

Jedenfalls kletterte er auf den Sprungturm, stapfte bis zur Kante des Sprungbretts und federte einige Male auf und ab. Bei moppeligen Leuten sieht das immer so aus wie in Zeitlupe. Dann sprang er los, und ich merkte sofort, dass Plan und Ausführung voneinander abwichen. Ich weiß nicht, ob er einen Köpfer machen wollte, doch irgendwann nach dem letzten Hüpfer auf dem Sprungbrett ging etwas schief. Er ruderte mit seinen fleischigen Armen in der Luft herum, doch die Schwerkraft zog seinen Körper parallel zur Wasseroberfläche nach unten.

Den Aufprall hörte man deutlich, und alle drehten die Köpfe und riefen wie aus einem Mund „Oh!".

Der arme Kerl muss unter Wasser geheult haben. Als er wieder auftauchte, schauten wir alle zu ihm hin, um uns zu vergewissern, dass es ihm gut ging. Wenigstens kann man unter Wasser weinen, ohne dass es jemand merkt, wenn man wieder auftaucht. Er tat es mit einem Lachen ab – alles schien in Ordnung zu sein. Die Mädchen widmeten sich wieder ihren Kopfsprüngen, die Jungen ihren Saltos.

Einige Minuten später sah ich verwundert, dass sich derselbe Junge wieder am Sprungbrett anstellte. Für die Jugendlichen war er nicht mehr nur der dicke Junge. Jetzt war er der Bauchklatscher-Typ. Als nur noch zwei oder drei Leute vor ihm anstanden, begann der Sprechgesang. Ein Junge fing damit an, einige andere stimmten ein, und bald skandierten alle, die um das Schwimmbecken standen: „Bauchklatscher! Bauchklatscher! Bauchklatscher!"

Der Bauchklatscher-Typ stand vor einer schwierigen Entscheidung. Als er sich wieder vor dem Sprungbrett anstellte, ging ihm – so nehme ich an – in etwa Folgendes durch den Kopf: *Okay, dieser coole Sprung, den ich beim letzten Mal vorhatte – dieses Mal werde ich es schaffen. Ich weiß, was vorhin schiefgegangen ist. Ich bin zu flach abgesprungen und bekam den Kopf nicht runter, und dann – oh ja, das hat wehgetan. Dieses Mal muss ich den Absprung einfach besser hinbekommen, und dann klappt das.*

Solange er noch vor dem Sprungbrett anstand, konnte er in aller Ruhe über diesen Plan nachdenken, doch dann fing der Sprechgesang an. Je näher er dem Sprungbrett kam, desto lauter wurde skandiert:

„Bauchklatscher! Bauchklatscher! BAUCHKLATSCHER! BAUCHKLATSCHER!"

Alle schrien und klatschten, sogar die Mädchen und die Rettungsschwimmer. Wie konnte er sich jetzt nur aus der Affäre ziehen? Der Bauchklatscher-Typ sagte sich wohl: *Ich habe das nicht absichtlich gemacht. Das war nicht geplant. Ich wollte einen gelungenen Sprung hinlegen.* Und doch fasste er in diesen wenigen, aber entscheidenden Sekunden einen Entschluss.

„Gut", murmelte er vor sich hin, „ich mach's noch einmal."

Er lief das Sprungbrett entlang bis zur Vorderkante, hüpfte ein wenig auf und ab, und dann sprang er. Arme und Finger streckte er so weit aus, wie es nur ging. Alle viere streckte er von sich und kam dann auf der Wasseroberfläche auf.

Dieses Mal war der Aufprall sogar noch lauter. Die Menge geriet außer Rand und Band. Die Rufe hielten sogar noch an, als er über die Leiter aus dem Schwimmbecken stieg. Raten Sie mal, was er als Nächstes machte!

Er stellte sich sofort wieder am Sprungturm an. Und dann noch einmal. Immer wieder. Was im Laufe der nächsten Stunde sonst noch passierte, interessierte niemanden mehr. Jemand hätte im Schwimmbecken ertrinken können, während alle gebannt zuschauten, wenn der Bauchklatscher-Typ die Leiter erklomm, um seine Show abzuziehen.

Beim Abendgottesdienst begrüßte ich alle an der Tür und setzte mich dann in die letzte Reihe. Ich blickte nach rechts, und dort saß er, der Bauchklatscher-Typ, nur einige Stühle weiter. Meine Frau sagt, ich kann mit solchen Situationen nicht besonders gut umgehen, aber da bin ich anderer Meinung. Ich sage nicht *immer*, was mir als Erstes durch den Kopf schießt – nur manchmal. Sobald ich ihn sah, rutschte mir das einfach so raus, und ich konnte meine Worte nicht mehr zurücknehmen. Ich lächelte ihn an und sagte: „Bauchklatscher-Typ!"

Er trug ein Tanktop. Brust, Arme und sogar die Seiten waren kirschrot. Über zwei Stunden war es schon her, dass wir das Schwimmbecken verlassen hatten, und aus den roten Stellen entwickelten sich allmählich blaue Flecken. Ich wusste, dass er keinen Sonnenbrand hatte, denn Hals und Oberarme waren schneeweiß.

Sobald ich „Bauchklatscher-Typ" gesagt hatte, blickte er selbstzufrieden zu mir hinüber.

„Ja, der bin ich." Auf seine „Leistung" war er offensichtlich ziemlich stolz.

In diesem Abendgottesdienst bewegte Gott eine Menge. Viele Jugendliche trafen eine Entscheidung für Jesus, und es tat sich viel, das Auswirkungen auf ihr Leben hatte. Doch je mehr ich über die Ereignisse des Tages nachdachte, desto weniger ging mir der Bauchklatscher-Typ aus dem Kopf.

Er lehrte mich, dass man sogar mitten in einem Schwimmbecken in das Wasserloch der Anerkennung fallen kann.

ZUSAMMENHALTEN

Der Apostel Paulus saß in einer römischen Gefängniszelle, als er die folgenden Worte schrieb: „Seid nicht selbstsüchtig; strebt nicht danach, einen guten Eindruck auf andere zu machen, sondern seid bescheiden und achtet die anderen höher als euch selbst. Denkt nicht nur an eure eigenen Angelegenheiten, sondern interessiert euch auch für die anderen und für das, was sie tun!" (Philipper 2,3-4).

Wenn ich im Lauf der Jahre über diesen Abschnitt predigte, krönte ich ihn stets mit der abschließenden Aufforderung: *Geht nach draußen, macht nicht so viel Aufhebens um euch selbst und liebt die Welt!*

Meistens handelte ich die Verse 1 und 2 zügig ab, um auf die Verse 3 und 4 umso ausführlicher einzugehen. Es ist nicht schwer, über die großen Wahrheiten, die darin stecken, zu sprechen. Doch die ersten beiden Verse lauten: „Wenn es nun irgendeine Ermunterung in Christus gibt, wenn irgendeinen Trost der Liebe, wenn irgendeine Gemeinschaft des Geistes, wenn irgendein herzliches Mitleid und Erbarmen, so erfüllt meine Freude, dass ihr dieselbe Gesinnung und dieselbe Liebe habt, einmütig, eines Sinnes seid" (ELB).

Aus irgendeinem Grund begriff ich diesen Text ganz neu, als ich ihn mit einer jungen Dame namens Bailey vor einiger Zeit durchging. Mitten im Gespräch ging mir etwas auf: Die beiden ersten Verse machen deutlich, dass es nur einen Weg zu den Versen 3 und 4 gibt, wenn nämlich Jesus unser Brunnen ist.

Paulus sagte, dass wir keine Ermutigung von anderen Menschen mehr nötig haben, wenn wir daraus Mut schöpfen, dass wir mit Jesus verbunden sind. Wenn uns die Liebe Christi tröstet, müssen wir nicht mehr unsere Interessen verteidigen. Er selbst tröstet uns. Wir brauchen nicht mehr Trost bei anderen Menschen zu suchen.

Nachdem ich jahrelang einen bestimmten Aspekt in diesem Abschnitt betont hatte, entdeckte ich, was Paulus mit den Versen 3 und 4 eigentlich gemeint hatte. Wir können nicht erwarten, dass aller Trost, alle Liebe, die wir brauchen, von Menschen ausgehen. Das können sie nicht leisten. Dafür sind sie nicht gemacht. Doch wenn Jesus unser Brunnen ist, können wir auch andere Menschen wirklich ermutigen und lieben. Wenn er uns Mut zuspricht, können wir das weitergeben. Wenn er unser Trost ist, können wir andere trösten.

Paulus sagt: „Wenn [es] irgendeine Gemeinschaft des Geistes [gibt], wenn irgendein herzliches Mitleid und Erbarmen, so erfüllt meine Freude, dass ihr dieselbe Gesinnung und dieselbe Liebe habt, einmütig, eines Sinnes seid."

> Wenn Jesus unser Brunnen ist, können wir andere Menschen wirklich ermutigen und lieben. Wenn er uns Mut zuspricht, können wir das weitergeben.

Wenn die ersten beiden Verse auf unser Leben zutreffen, werden die nächsten beiden Realität. Wenn wir Mut daraus schöpfen, dass wir eins mit Jesus sind, sind selbstsüchtiger Ehrgeiz oder ein übersteigertes Selbstbild keine Triebfeder unseres Handelns mehr – das haben wir nicht mehr nötig. Wer innerlich leer ist, muss sich auf die Meinungen und die Bestätigung anderer Menschen verlassen, denn er schöpft aus dem Wasserloch der Anerkennung.

Für mich spielt die Anerkennung durch andere eine große Rolle. Ich muss mich sehr anstrengen, nicht zu sehr danach zu streben. Die größte Anfechtung ist dabei nicht unsere Band Casting Crowns und die Musik, sondern mein Beruf als Pastor. Ich kämpfe darum, diesen Dienst auf das Wort Gottes und die Führung durch seinen Geist zu gründen statt auf die Vorlieben und Abneigungen irgendeines Menschen.

Wenn ich meinen Weg mit Jesus gehe, in seinem Wort lese, Zeit im Gebet verbringe, mit anderen Gläubigen Gemeinschaft habe und darauf höre, was Gott mir zu sagen hat, dann treibt mich die Anerkennung anderer Menschen weder an noch bringt sie mich vom Weg ab. Das gilt sogar für die Ehe. Meine Frau muss mich nicht perfekt ergänzen. Das Problem ist nämlich, dass Melanie genauso innerlich leer und zerbrochen ist wie ich.

„Wir ergänzen uns perfekt" – das mag ein gutes Filmzitat sein, doch wir sind nicht dazu geschaffen, danach zu leben. Es ist unmöglich, dass jemand in unser Leben tritt und uns in Bereichen ergänzt, in denen er oder sie uns niemals ergänzen sollte. Eine Ehe sollte so funktionieren, dass Jesus mir Kraft gibt und ich meiner Frau Kraft gebe. Wir sind füreinander bestimmt und haben unser Elternhaus verlassen, um miteinander zu leben. Doch wenn wir unsere Kraft nicht aus Jesus schöpfen, werden wir mehr voneinander fordern, als wir unserer Bestimmung nach überhaupt geben können. Ich bin hier, um ihr zu dienen, nicht um aus ihr Kraft zu schöpfen. Dasselbe gilt für sie, und so herrscht in unserer Ehe Gleichgewicht.

Jesus ergänzt mich, er macht mich buchstäblich ganz, und wenn ich nach Hause komme, fühle ich nur eins: überströmende Liebe für Melanie. Wenn ich zur Arbeit gehe, habe ich es nicht nötig, dass mich mein Chef bauchpinselt und mir erzählt, wie toll ich bin. Jesus ergänzt mich, macht mich vollkommen und sagt mir die Wahrheit über mich selbst. Ich kann einfach dort erblühen, wo ich eingepflanzt wurde.

Ein freundliches Schulterklopfen

Wer Liebe und Ermutigung aus seiner Beziehung zu Jesus schöpft, wer Gottes Wahrheit in seinem Leben Gestalt gewinnen lässt und aus der Kraft seiner Verheißungen lebt, ist nicht auf andere Arten von Bestätigung angewiesen. Ich kenne viele Menschen, die ihren Lebenssinn darin sehen, anderen zu dienen. Dass sie gebraucht werden, erfüllt sie und gibt ihnen Auftrieb. Aber es ist eine Falle: Gute Taten – wie zum Beispiel Obdachlosen zu helfen, auf eine Missionsreise zu gehen, in der Gemeinde mitzuarbeiten – und die Anerkennung, die sie mit sich bringen, können Jesus als Lebensziel ersetzen. Jeder mag das Gefühl, gebraucht zu werden und Bestätigung zu bekommen. Es gefällt uns, wenn man uns anerkennend auf die Schultern klopft.

Doch man wird uns nicht immer brauchen, geschweige denn Anerkennung zollen. Je mehr wir uns im Dienst aufreiben, desto mehr erwartet man von uns. Bald weiß jeder Bescheid, dass wir das eben als unsere Aufgabe betrachten. Man lobt uns nicht mehr dafür, die Anerkennung schwindet, und möglicherweise ändert sich ganz allmählich unsere innere Einstellung. Vielleicht fallen uns Menschen ins Auge, die sich nicht so engagiert einsetzen wie wir oder nicht immer ganz pünktlich zur Stelle sind.

Was wir einmal als Brunnen betrachtet haben, der uns guttut, kann zu einer Quelle der Verbitterung werden. Leicht bekommt man das Gefühl, man verdiene eigentlich etwas Besseres und möglicherweise sei es nun an der Zeit, die Gemeinde, die Stellung oder vielleicht sogar den Ehepartner zu wechseln – in der Hoffnung, irgendjemand würde endlich einmal zu würdigen

> Gute Taten können Jesus als Lebensziel ersetzen.

wissen, wie hart wir arbeiten und was wir alles zuwege bringen.

Dieses Wasserloch der Anerkennung gefährdet auch Freundschaften. Vielleicht haben Sie schon einmal von dem Mythos gehört, dass Freundschaften auf dem Fünfzig-fünfzig-Prinzip basieren, weil jeder der Beteiligten sich zu gleichen Teilen einbringt. Zeigen Sie mir eine einzige Freundschaft, wo das wirklich so ist. Bei Freundschaften gilt dieses Prinzip nicht. Das Verhältnis beträgt vielmehr neunzig zu zehn, zwanzig zu achtzig oder sechzig zu vierzig. Genau darum brauchen wir Freunde – für die Tage, an denen wir nur zwanzig Prozent beitragen können. An anderen Tagen sind wir für unsere Freunde der Fels in der Brandung, aber das geht nur, wenn Jesus unser Brunnen ist und wir allein aus ihm schöpfen.

Wenn wir uns innerlich vom Wasserloch der Anerkennung lösen wollen, ist es wichtig, dass wir uns auf die eine Meinung konzentrieren, die wirklich zählt. Im Neuen Testament sagt uns Gott immer wieder, wie er uns sieht. Doch weil wir so viele Lasten aus der Vergangenheit mit uns herumschleppen, fällt es uns schwer, der Wahrheit Glauben zu schenken. Dauernd stehen uns Kleinigkeiten im Weg, die auch den Namen „Gefühle" tragen. Ihnen aber können wir nicht vertrauen. Wir müssen Gott beim Wort nehmen. An dieser Stelle kommt der Glaube ins Spiel, und wir müssen Gott glauben, dass wir

- mit ihm versöhnt sind und für uns ein neues Leben begonnen hat (2. Korinther 5,17-18);
- seine Kinder sind. Er hat uns vergeben, wir gehören zu ihm (Johannes 1,12);
- Bürger in seinem Reich sind (Kolosser 1,13-14);
- mit Jesus zu seinem himmlischen Reich gehören (Epheser 2,4-7);
- Heilige sind – ja, auch Sie sind ein Heiliger (1. Korinther 1,1-3);
- Gottes Meisterwerk sind (Epheser 2,10),
- Gottes Botschafter sind und Gott durch uns spricht (2. Korinther 5,20);
- von Gott gerechtfertigt wurden (2. Korinther 5,21);
- von Gott erwählt sind und er uns als seine Kinder angenommen hat (Epheser 1,3-6);
- Anteil an seiner göttlichen Natur haben (2. Petrus 1,2-4).
-

Sich mit diesen Aussagen zu beschäftigen, kann uns vom Hunger nach Beifall befreien, von der Furcht, was andere über uns denken mögen, und auch davon, dass wir überall die Anerkennung suchen, die wir unserer Meinung nach verdient haben.

Hätte Paulus versucht, die öffentliche Meinung zu seinem Brunnen zu machen, hätte er in einer Ecke seiner Gefängniszelle gehockt und über der Frage gebrütet, wie er seine Öffentlichkeitsarbeit aufziehen sollte. Er hätte Ausflüchte vorgebracht und anderen die Schuld in die

Schuhe geschoben. Er hätte auf seine schwierige Kindheit verwiesen. Er hätte sich selbst in gutem Licht erscheinen lassen, sogar wenn das bedeutet hätte, die Wahrheit ein wenig zu verdrehen. Wenn Menschen sein Brunnen gewesen wären, hätte er geschrieben: „Ich kann nicht glauben, dass mir das alles zugestoßen ist. Nach allem, was ich für Gott und für euch getan habe, muss ich in diesem Gefängnis schmachten!" Wenn wir versuchen, Menschen als Brunnen zu missbrauchen, wünschen wir uns Anerkennung und Aufmerksamkeit.

Paulus jedoch schrieb im Philipperbrief, dass wir uns von Christus ermutigen lassen sollen, damit wir ihm ähnlicher werden und auch andere wichtiger nehmen als uns selbst, statt immer nur zu fordern, dass sich alles um uns dreht. Er machte der Gemeinde durch seine schwierige Situation Mut. Er stellte sich selbst nicht in den Mittelpunkt. Er bettelte weder um Mitleid noch um Almosen. Das alles hatte er nicht nötig, weil er nicht die Anerkennung durch andere suchte. Vielmehr hatte er begriffen, dass man das Wasserloch der Anerkennung umgeht, indem man die Wahrheit über sich selbst in Erfahrung bringt.

> Wenn wir versuchen, Menschen als Brunnen zu missbrauchen, wünschen wir uns Anerkennung und Aufmerksamkeit.

Die Stimme der Wahrheit

Tony Nolan ist einer meiner engsten Freunde, Verfasser des Buchs *Hurt Healer* („Der verletzte Heiler") und ein Evangelist, der im ganzen Land herumreist. Auf der *Lifesong*-Tour der Casting Crowns begleitete er uns als Pastor. Er ist ein echter Mann Gottes. Und während dieser Tour half er der Tochter eines befreundeten Ehepaars auf eine Weise, die ich niemals vergessen werde.

Christina Wells gehörte zu unserer Jugendgruppe, als ich in der *First Baptist Church* in Daytona Beach, Florida, Pastor war. Jahrelang hatte sie mit einer Essstörung zu kämpfen. Ihre Eltern, Rick und Toni Wells, waren schon lange in der Jugendarbeit tätig, noch bevor ich zum Team stieß. Ihre Liebe trug Christina hindurch, sie beteten für sie in dieser schwierigen Zeit und blieben oft nächtelang auf, um mit ihr zu weinen.

Nach viel Gebet und weisen Ratschlägen begriffen sie, dass es in Florida keine ausreichenden Hilfsangebote gab und man sich anderswo umschauen musste. Sie entschieden sich für eine Einrichtung in Arizona, in der Mädchen mit Essstörungen behandelt wurden. Im Lauf der Tournee entdeckten wir, dass wir ganz in der Nähe spielen würden. Wir hatten gehört, dass Christina mit Gottes Hilfe große Fortschritte gemacht hatte. Deshalb bat ich Tony Nolan, mit Juan und Melodee DeVevo und mir dorthin zu fahren, um ein kleines Unplugged-Konzert zu geben.

Die Mädchen, zwischen zwölf und achtzehn Jahren alt, betraten nacheinander den Saal. Diese wunderschönen jungen Frauen schienen alle aus einem liebevollen Elternhaus zu kommen. Trotzdem waren sie nur noch Haut und Knochen. Bei einigen ragte ein Schlauch aus der Nase, der mit Heftpflaster am Gesicht befestigt war, über das Ohr lief und hinten herunterbaumelte. Durch diese Schläuche wurden sie ernährt. Es brach uns das Herz. Sie wirkten sehr schwach und konnten sich auf ihren Stühlen kaum gerade halten. Sie lächelten kaum. Wir erfuhren dort, dass Essstörungen selten durch die Furcht vor Übergewicht ausgelöst werden. In den meisten Fällen beginnt der Teufelskreis mit einem anderen Problem.

Nachdem wir zum Abschluss unseres Minikonzerts das Lied *Voice of Truth* („Stimme der Wahrheit") vorgetragen hatten, begriff ich, dass unsere Lieder nicht einfach nur Lieder waren. In ihnen sind tiefe Wahrheiten zu finden – nicht weil unsere Texte so gut wären, sondern weil ihnen bestimmte Bibelstellen zugrunde liegen. Diese Stellen las ich vor.

Als Tony aufstand, um eine Andacht zu halten, lieferte ihm das letzte Lied sein Stichwort. Er sprach über Gottes Stimme der Wahrheit, und nach wenigen Sekunden sagte er einen einfachen, aber bedeutungsvollen Satz, den ich seither nicht mehr aus dem Kopf bekomme. „Die Wahrheit über euch", so meinte er mit einem freundlichen Lächeln zu den Mädchen, „ist das, was Gott über euch sagt."

Als er diese Worte aussprach, war es, als striche eine frische Brise durch den Raum. In die Mädchen, die so verloren wirkten und während der Lieder lethargisch dagesessen hatten, kam neues Leben. Einige von ihnen, die die ganze Zeit zu Boden geblickt hatten, schauten Tony nun an. Ihre Blicke trafen sich, und ich spürte, dass das ein kurzer, aber entscheidender Durchbruch war. Gott hatte sie daran erinnert, dass er sie liebt und heilen möchte. Er hatte sie daran erinnert, dass er allein der Brunnen ist, der einen Menschen am Leben erhalten kann.

Die Stimme der Wahrheit erinnert uns daran, dass die Meinungen anderer Menschen durchaus wichtig, aber nicht die entscheidende Instanz sind. Sie können uns unterstützen, jedoch nichts diktieren. Die Stimme der Wahrheit erinnert uns daran, dass es schön ist, wenn andere uns Anerkennung schenken, aber nicht von wesentlicher Bedeutung. Der Beifall anderer Menschen kann uns inspirieren, aber keine Erfüllung schenken. Die Stimme der Wahrheit ist jedem Menschen zugänglich, ganz egal, wie seine Lebenssituation aussieht, ganz egal, wie tief unsere persönlichen Wasserlöcher sind, ganz egal, ob wir einen Bauchklatscher hinlegen oder aufgrund einer Essstörung überhaupt keinen Bauch haben.

> Die Stimme der Wahrheit erinnert uns daran, dass es schön ist, wenn andere uns Anerkennung schenken, aber nicht von wesentlicher Bedeutung. Der Beifall anderer Menschen kann uns inspirieren, aber keine Erfüllung schenken.

An jenem Tag, als Tony die Andacht hielt, saß auch Christina Wells im Saal. Ihr Aufenthalt in der Klinik neigte sich seinem Ende zu, und sie sah gesund und munter aus. Ihr Gesicht strahlte, und sie freute sich schon darauf, wieder nach Hause zu kommen und ein normales Leben zu führen. Als Christina sich mit den anderen Mädchen unterhielt, merkte ich, dass sie das gemeinsame Leid verband, so wie es in 2. Korinther 1,3-7 beschrieben wird.

Christina konnte diese Mädchen anschauen und in ihnen etwas anderes sehen, als ich entdeckt hatte, weil Gott sie durch dieselben Probleme hindurchgeführt hatte. Es war offensichtlich, dass sie ihre Kraft aus Jesus schöpfte, dem einzig wahren Brunnen. Durch alle diese Schwierigkeiten hatte er sie begleitet, und heute kann sie davon erzählen. Ihre Geschichte beinhaltet auch einen reisenden Evangelisten, der einige Sätze, die Paulus aus dem Gefängnis geschrieben hatte, benutzte, um einem problembeladenen Kind Gottes zu helfen, aus seinem eigenen Gefängnis auszubrechen. Die gleiche Wahrheit gilt jedem, der um sein Wasserloch der Anerkennung herumschleicht.

Die Wahrheit über Sie ist das, was Gott über Sie sagt.

KAPITEL 5

DER ERSTE TAG
DAS WASSERLOCH DER RELIGION

D er Amateurfilm zeigt Herb Opalek als etwa Fünfjährigen. Heute ist er sechsundsechzig und erinnert sich nicht, wie alt er auf diesem grobkörnigen Schwarz-Weiß-Film genau war. Ansonsten sind seine Erinnerungen durchaus voller Farbe; Bilder eines Jungen, der den Superhelden seiner Träume spielt.

Das durchschnittliche Kind würde sich ein Handtuch als Cape um den Hals legen und mit Wäscheklammern befestigen, dazu eine Maske aufsetzen. Der kleine Herb dagegen setzte sich eine Kippa auf. An ein Superman-Cape erinnerte am ehesten noch der traditionelle jüdische Tallith, der gewebte gestreifte Gebetsschal, den die religiöse Elite trug. In seinen Händchen hielt er den Siddur, das Gebetbuch. Herb konnte es gar nicht erwarten, in die Rolle seines Helden hineinzuwachsen, wenn vielleicht auch aus keinem anderen Grund, als um seinen Eltern eine Freude zu machen. Er ging noch nicht einmal zur Schule, als er wusste, dass aus ihm eines Tages ein Rabbi werden würde. „Meine Eltern hegten überhaupt keinen Zweifel daran, welchen Beruf ich einmal ergreifen würde", erzählte Herb.

Er wuchs in New York und Washington, D.C., auf und besuchte eine normale Schule, bevor er von zu Hause auszog, um sich an einer rabbinischen Highschool einzuschreiben. Bis zum elften Schuljahr hatte er alle nötigen Pflichtkurse abgehakt, sodass er sich im letzten Jahr auf die eigentlichen rabbinischen Fächer stürzen konnte. Genau kann er sich nicht mehr daran erinnern, doch um seinen achtzehnten Geburtstag herum wurde er von einem Rabbiner ordiniert, der ihm den ersten von acht Rabbinergraden verlieh. Volle dreizehn Jahre hatte er gebraucht, um sich seinen Superheldentraum zu erfüllen.

Obwohl er im orthodoxen Judentum zu Hause war, wählte Herb einen interessanten Studienschwerpunkt. Sein College bot ihm eine Stelle als wissenschaftlicher Mitarbeiter an, und zwar ausgerechnet im Forschungsbereich „Rabbinischer Hintergrund zur Literatur des Neuen Testaments". Literatur des *Neuen* Testaments. Er konnte damals nicht ahnen, wie *neu* ihn das eines Tages machen würde.

Herbs akademische Leistungen sind atemberaubend. Im Rahmen seiner Doktorarbeit übersetzte er das Johannesevangelium zurück ins

Aramäische und verfasste einen rabbinischen Kommentar dazu. Doch auch wenn seine Promotion und die akademischen Grade beeindruckend sind, war ich irgendwie über seinen Forschungsschwerpunkt verwundert. Ich hatte nicht gewusst, dass sich orthodoxe Juden im Studium mit dem Neuen Testament befassen, doch nun erfuhr ich, dass die Gelehrten unter ihnen die vier Evangelien kennen und über das Leben Jesu besser Bescheid wissen als die meisten Christen. Nach seiner Promotion forschte Herb an Universitäten in Israel und Großbritannien und promovierte in weiteren Fächern.

Herb hatte eine Privatuniversität gegründet und flog eines Tages nach Boston, um dort Sponsoren zu finden. Bei der Ankunft erfuhr er, dass sein Gepäck verloren gegangen war. Während die Fluglinie nach seinen Koffern suchte, blätterte Herb in einem Neuen Testament und stieß auf etwas, das er nicht erwartet hatte. In der Einsamkeit eines Hotelzimmers spürte dieses hervorragend ausgebildete, aber trotzdem verlorene Schaf auf einmal etwas Neues und anderes. Zunächst verstand Herb nicht, was gerade mit ihm geschah, doch nach und nach sackte all das Wissen, das er im Kopf angesammelt hatte, hinunter in sein Herz.

LEERE HÜLLEN

Kurz bevor Jesus der Frau am Brunnen begegnete und seinen Ruf aufs Spiel setzte, indem er die von Menschen aufgestellten jüdischen Konventionen verletzte, kam ein Mann, gekleidet in ein Gewand mit langen Quasten, zu Jesus und machte dasselbe. Die jüdischen Sitten und Gebräuche verboten es, dass Jesus am Jakobsbrunnen mit einer samaritischen Frau ein Gespräch anfing. Und Nikodemus durfte eigentlich keinen als Ketzer geltenden Wanderprediger aufsuchen, um ihm auf den Zahn zu fühlen. In jener Nacht verkündete Jesus dem Mann im langen Gewand der Frommen dieselbe Botschaft, die er wenig später der Frau am Brunnen weitergeben würde.

Im ersten Abschnitt von Johannes 3 lesen wir von der Begegnung zwischen Jesus und Nikodemus, einem Pharisäer und Mitglied des Hohen Rates. Einundsiebzig Männer der gesellschaftlichen und religiösen Elite gehörten dazu, alle sehr gebildet. Sie waren eine Art oberster Gerichtshof, dessen Entscheidungen für alle Bereiche des jüdischen Lebens maßgeblich waren.

Die Pharisäer widmeten ihr ganzes Leben der Befolgung der Zehn Gebote und versuchten nach einer streng wortwörtlichen Auslegung der Bibel zu leben. Im Lauf der Zeit ging es jedoch eigentlich nur noch darum, bestimmte Regeln einzuhalten, und nicht darum, Gott zu ehren. Die religiöse Führungsschicht leitete aus den Zehn Geboten mehr als sechshundert Regeln ab, teils mündlich überliefert, teils in Schriftform. Zum Beispiel wurde festgelegt, wie man sich auf vorschriftsmäßige Art und Weise die Hände wäscht oder wie viele Schritte man am Sabbat laufen darf.

In Johannes 3 erfahren wir jedoch, dass Nikodemus kein gewöhnlicher Pharisäer ist. Jesus nennt ihn in Vers 10 *den* Lehrer Israels (z.B. ELB) – er ist also der bedeutendste Religionsgelehrte in Palästina.

Nikodemus sucht Jesus mitten in der Nacht auf, damit niemand es mitbekommt: „Wir wissen, dass du ein Lehrer bist. Du kommst von Gott, und du tust Wunder. Ich weiß, was wir in der Öffentlichkeit sagen, Jesus, aber ich glaube, dass an dir etwas Besonderes ist; und ich verstehe, dass Gott dich geschickt hat."

Zwar glaubt er, dass Jesus von Gott gesandt wurde, doch Jesus antwortet: „Ich versichere dir: Wenn jemand nicht von Neuem geboren wird, kann er das Reich Gottes nicht sehen" (Johannes 3,3).

> Genau wie bei der Frau am Brunnen hält sich Jesus nicht mit Smalltalk auf und kommt sofort auf den Kern der Angelegenheit zu sprechen – Nikodemus' Herz.

Kommt uns diese Reaktion nicht etwas eigenartig vor?

Genau wie bei der Frau am Brunnen hält sich Jesus nicht mit Smalltalk auf und kommt sofort auf den Kern der Angelegenheit zu sprechen – Nikodemus' Herz. Nikodemus will über Religion reden und Jesus beeindrucken, genau wie die Frau am Brunnen. Er will Folgendes zum Ausdruck bringen: „Jesus, ich bin auch an Spiritualität interessiert. Du und ich, wir beide, wir sind uns ähnlich. Wir spielen im selben Team. Weißt du, ich zieh hier mein Ding durch und du deins, aber nur damit du es weißt: Ich finde dich cool." Dabei blinzelt er ihm verschwörerisch zu.

Fast scheint es, als hätte Jesus Nikodemus' Worte überhaupt nicht gehört, stattdessen aber den Schrei seines Herzens. Nikodemus war religiös, doch für Jesus ist Religion nur die äußere Hülle. Eine Fassade. Nikodemus versucht, Jesus Honig um den Bart zu schmieren, doch Jesus ignoriert das und konfrontiert ihn mit der Wahrheit: „Nick, du musst errettet werden."

Zikaden sind kleine Insekten, die in Sommernächten auf den Bäumen sitzen und entsetzlichen Krach machen. Haben Sie schon einmal die Panzer gesehen, die Zikaden nach ihrer Häutung auf den Bäumen zurücklassen? Als Junge hat es mir Spaß gemacht, diese Panzer zu suchen und dann Godzilla zu spielen, indem ich meine winzigen Feinde zerquetschte.

Dieser hässliche Panzer, den das Insekt zurücklässt, das ist Religion. Es steckt kein Leben mehr darin. Jesus hasst ihn. Religion wirkt irgendwie bedeutungsvoll, und Menschen fühlen sich davon angezogen, weil sie den Anschein von Würde und Heiligkeit erweckt. Doch wenn wir uns auf das Äußere konzentrieren (den Schein, Rituale und Listen, die wir abhaken können), statt auf den einen wahren Gott, sind wir in geistlicher Hinsicht genauso tot wie der Zikadenpanzer auf dem Baum.

Jesus gibt dem bedeutendsten religiösen Lehrer Israels zu verstehen, dass Religion nicht ausreicht und er wiedergeboren werden muss. Nikodemus weiß nicht, was er mit dieser Aussage anfangen soll. Die Frau am Brunnen dachte zunächst an Wasser im wörtlichen Sinn, als Jesus das ewige Leben als „lebendiges Wasser" bezeichnete. Nikodemus denkt an eine Geburt im wörtlichen Sinn, als Jesus auf die Wiedergeburt im geistlichen Sinn zu sprechen kommt. „Wie kann denn ein alter Mensch wieder in den Leib seiner Mutter zurückkehren und zum zweiten Mal geboren werden?", fragt Nikodemus (Johannes 3,4).

Im Hintergrund wiegen sich die Äste der Bäume im Wind, während Jesus Nikodemus davor warnt, Wahrheiten auf den Grund kommen zu wollen, die für den menschlichen Verstand zu tief sind. Allein der Glauben kann diesen Abgrund überbrücken. Der Wind weht, wo er will, sagt Jesus, und wir können ihn hören, doch wir können unmöglich bestimmen, wo er herkommt und wo er hingeht. So ist es auch mit jedem Menschen, der vom Geist Gottes geboren ist.

Jesu Worte sind so gewichtig, so von Ewigkeit erfüllt, dass wohl jeder, der dieses Buch in der Hand hält, sie schon einmal gehört hat oder sogar zitieren kann:

„Denn Gott hat die Welt so sehr geliebt, dass er seinen einzigen Sohn hingab, damit jeder, der an ihn glaubt, nicht verloren geht, sondern das ewige Leben hat."

Nikodemus ist der erste Mensch, der Johannes 3,16 hört. Jesus predigt hier nicht vor einer großen Menschenmenge oder auf einem Berg, der deswegen berühmt werden sollte. Dieser Satz fällt nicht während eines Heilungsgottesdienstes in einem zum Bersten gefüllten Fußballstadion. Er fällt in einem stillen Winkel in einer windigen Nacht im Zwiegespräch zwischen Jesus und Nikodemus.

Nikodemus weiß, dass Jesus von sich behauptet, der jüdische Messias zu sein, über den er so viel gelernt hat. Wir erfahren im Rest des Kapitels nicht, wie er darauf reagierte. Zwei Abschnitte im Johannesevangelium weisen jedoch darauf hin, dass er später eindeutig Stellung bezog.

Von der Nacht ins Licht

Nach dem in Johannes 3 festgehaltenen Gespräch begegnen wir Nikodemus noch zwei Mal in der Bibel. In Johannes 7,50-52 bringt er ein juristisches Verfahrensargument zugunsten von Jesus vor, woraufhin er vom Hohen Rat scharf kritisiert wird. An einer weiteren Stelle erbringt er schließlich den Beweis, dass er das Wasserloch der Religion hinter sich gelassen und sein Leben Christus übergeben hat. Nach der Kreuzigung sorgt Nikodemus zusammen mit Josef von Arimathäa dafür, dass Jesus ein richtiges Begräbnis erhält.

„Er war bereit, die Schande des Kreuzes mit Jesus zu teilen", schreibt Henry Halley in *Halley's Bible Handbook*. „In derselben Stunde, da Jesus erniedrigt wird und selbst die Jünger die Flucht ergreifen, um sich zu schützen, setzt er sein Leben aufs Spiel, um Jesus diesen letzten Dienst zu erweisen. Das gehört zum Schönsten, was uns die Bibel erzählt."

Manche Theologen nehmen an, dass Nikodemus' Name deshalb nirgendwo in der jüdischen Geschichtsschreibung auftaucht, weil man ihn aus den Aufzeichnungen strich, nachdem er sich durch seine Freundlichkeit gegenüber Jesus nach Auffassung der maßgeblichen Köpfe als Ketzer zu erkennen gegeben hatte.

In Johannes 19,38-42 sehen wir, wie sehr Nikodemus an Jesus glaubte. Er schleppt etwa dreißig Kilogramm Myrrhe und Aloe aus der Stadt, in der man ihn als den berühmtesten aller Lehrer betrachtet, um Jesu Leichnam einzubalsamieren. Wie der reiche Josef, der ein Grab für Jesus zur Verfügung stellen und damit Jesaja 53,9 erfüllen wird, verliert auch Nikodemus inmitten der Vorbereitungen für die Bestattung nicht die Hoffnung, weil er besser als jeder andere weiß, was die Bibel über den Messias sagt.

Der Lehrer Israels, der einmal mitten in der Nacht zu Jesus gekommen ist, beugt sich nun über den geschundenen Leichnam Jesu, und zwar am helllichten Tag. Jeder kann sehen, wie Nikodemus den leblosen Körper seines neuen Herrn in die Leintücher einhüllt. Und seine einst fromme Robe wird mit dem einzig wahren unschuldigen Blut beschmiert.

UNSERE MOTIVE

Vor seiner Begegnung mit Jesus nahm Nikodemus oft einen tiefen Schluck aus dem Wasserloch der Religion. Es richtet noch viel mehr Schaden an als die anderen Wasserlöcher, die wir aufsuchen.

Religion gibt sich gottesfürchtig, leugnet dabei aber die Macht Gottes. Sie gibt Gläubigen wie Ungläubigen das Gefühl, einen Gott beschwichtigen zu müssen, der eine Bewertungsliste mit ihrem Namen in der Hand hält. Vielleicht gibt es dafür sogar eine Farbkennzeichnung. Gute Gedanken und Taten bekommen einen goldenen Stern, sündige

Gedanken und Taten ein rotes X. Bei Religion geht es eher um Leistungen als um Beziehung. Religion ist ein Beziehungsersatz.

Jesus kritisierte Religion und die Selbstgerechtigkeit, die sie gebiert, mit scharfen Worten. Ein selbstgerechter Mensch rückt sich und seine menschlichen Qualitäten in den Vordergrund, setzt sich auf den Thron seines Lebens und macht Christus den Platz streitig, der ihm zusteht. Als Gott uns gebot, keine anderen Götter neben ihm zu haben, wusste er, dass Menschen dazu neigen, sich selbst zum Gott zu machen. Religion ist der Schemel, mit dessen Hilfe man den Thron der Selbstgerechtigkeit besteigt, um sich besser zu fühlen.

> Religion gibt sich gottesfürchtig, leugnet dabei aber die Macht Gottes. Sie gibt Gläubigen wie Ungläubigen das Gefühl, einen Gott beschwichtigen zu müssen, der eine Bewertungsliste mit ihrem Namen in der Hand hält.

Gott ist kein Buch, auch kein Text, den wir im Gottesdienst mit dem Beamer auf die Leinwand werfen. Jesus ist keine Religion. Er ist eine Person. Stupsen Sie sich mit dem Zeigefinger an die Brust – genauso real ist Jesus. Er ist ein übernatürliches Wesen, er sitzt im Himmel und herrscht, doch er hat auch einen tatsächlichen Körper und sehnt sich nach einer engen Beziehung zu Ihnen durch den Heiligen Geist, der in jedem Menschen wohnt, der von Gott errettet wurde.

Diese Beziehung erhalten wir lebendig, indem wir in Gottes Wort lesen und regelmäßig beten, um mit ihm zu reden. Wir üben geistliches Leben ein, indem wir so handeln und denken, als wäre er körperlich unter uns. Wir dienen anderen. Wir gehorchen seinen Geboten. Jesus sagte: „Wer meine Gebote kennt und sie befolgt, der liebt mich" (Johannes 14,21).

Das sind zwar Dinge, die wir „tun", doch sind nicht wir die treibende Kraft hinter dieser Beziehung zwischen Mensch und Gott. Es ist genau andersherum. Gott rettet uns, hält uns in der Hand und gibt uns Kraft. Bei uns kommt das zum Vorschein, was er in uns hineingelegt hat (Philipper 2,12-13).

Der Unterschied zwischen Religion und einer Beziehung mit Gott liegt darin, dass jemand, der wirklich an Jesus glaubt, sich an der Gemeinschaft mit ihm erfreut. Er gibt nichts auf Rituale, Listen, die man

Punkt für Punkt abhaken muss, oder Zeremonien, die den Platz Jesu einnehmen wollen. Der Religion dagegen geht es um den äußeren Schein.

Ob man in einer Beziehung mit Jesus lebt oder lediglich religiös ist, lässt sich im Grunde an folgender Frage festmachen: Wohnt der Heilige Geist in uns? In aller Regel spiegelt sich seine An- oder Abwesenheit in unseren Motiven wider. Wir wissen, welche Motive unser Herz bewegen. Und Gott weiß es auch.

EINE EINFACHE FRAGE

Das Gefährliche am Wasserloch der Religion ist unter anderem, dass wir eine Kirche betreten, etwas über Gott erfahren und dabei ganz genau wie alle anderen wirken können. Die fromme Sprache beherrscht man bald. Jeder kann sich CDs mit christlicher Musik anhören und die Texte auswendig lernen. Jeder kann einer Predigt zuhören, aber es kommt nicht immer die richtige Botschaft an.

Kein vernünftiger Pastor würde zum Beispiel sagen, dass man ein wiedergeborener Christ wird, wenn man jeden Tag in der Bibel liest. Vielleicht führt das eines Tages zur Wiedergeburt, doch die geistliche Übung an sich wird keinen Menschen retten. Wenn der Pastor seiner Gemeinde jedoch erklärt, dass ein leidenschaftlicher Christ jeden Tag in der Bibel lesen sollte, weil ihm das guttut, kann jemand, der noch nicht glaubt, daraus schließen, die tägliche Stille Zeit sei die Fahrkarte zum Himmel. Wenn ein Nichtchrist ein Gebäude betritt und sich dort unter Leute mischt, die andauernd davon reden, wie christliches Leben aussieht, bekommt er vieles zu hören, das machbar klingt. Schnell schießt ihm der Gedanke durch den Kopf: „Das kann ich auch." Und dann fängt er einfach an.

In dieser Gemeinde ist er dann die ganze Zeit von Menschen umgeben, die an Jesus glauben und ihn anbeten. Freude und Friede sind spürbar da. An diesem Punkt schleicht sich die Religion ein. Irgendwie scheint das Gebäude der Ort zu sein, wo Gott nahe ist. Und warum sollte ich die Christen nicht nachahmen, weil sie etwas haben, das ich meinem Gefühl nach nicht habe? Die Rahmenbedingungen werden wichtiger als Jesus.

Doch wenn wir vor Gott stehen, wird er uns nicht fragen, was wir geleistet haben, um die Leiter zu ihm zu erklimmen. Es gibt nur eine Brücke zu Gott, und er selbst hat sie für uns gebaut: Jesus. Es gibt nur einen Weg zu Gott, und zwar, indem man sagt: „Jesus, ich bin ein Sünder. Ich bin verloren. Ich brauche dich. Bitte vergib mir. Schenk mir einen Neuanfang. Ich bekenne mit meinem Mund, dass du Herr bist. Ich glaube von ganzem Herzen, dass du von den Toten auferstanden bist. Ich übergebe dir jetzt mein Leben.“

Wenn uns die Sünde so sehr zerbrochen hat, dass wir ehrlichen Herzens zu Jesus schreien, wird Gottes Geist uns zusprechen, dass wir zu Jesus gehören. In Römer 8,18 heißt es: „Denn der Geist Gottes selbst bestätigt uns tief im Herzen, dass wir Gottes Kinder sind.“

Alles im Leben eines Christen baut auf dem Tag auf, da er sein Leben Christus übergab – und zwar nicht nur ein Gebet nachsprach und in Tränen ausbrach, sondern sich mit ganzem Herzen Gott in die Arme warf und sagte: „Ich bin ein einziges wandelndes Wrack, und ich lege dir mein Leben zu Füßen.“

Obwohl ich gerettet bin, vermassele ich doch hin und wieder alles. Ich bekomme Angst; ich mache mich schuldig; ich gehe in die Gemeinde und versuche, nicht daran zu denken, was ich gerade getan habe. Viel lieber würde ich einfach beten und die Lieder mitsingen, aber ich kann das nicht mit aufrichtigem Herzen tun, weil mir jede einzelne dumme Handlung einfällt, die ich jemals begangen habe. Das lastet so lange schwer auf mir, bis Gott mich zu sich zurückzieht.

Ich tue Buße und wende mich Gott wieder zu, und zwar wegen jenes ersten Tages, an dem ich eine Entscheidung für ihn traf. Nicht auf meine Mitchristen oder das coole neue Lied, das wir am letzten Sonntag gelernt haben, stütze ich mich. Ich gehe zu jenem ersten Tag zurück. Ich muss in der Lage sein, an diesen ersten Tag zu glauben, darin zu leben und Kraft daraus zu gewinnen. Datum und Uhrzeit brauche ich nicht zu wissen, aber ich kann mich daran erinnern, dass es geschah.

Wir kommen jeden Sonntag zusammen, reden darüber, wie man betet, in der Bibel liest, seinen Lebensweg mit Jesus geht. All das ist gut, doch wenn es diesen ersten Tag nicht gäbe, wäre das alles nur ein toter Panzer und eine leere Hülle.

Darum ist das Wasserloch der Religion das gefährlichste Loch von allen. Für Nichtchristen kann Religion zu einem Loch mit Konsequenzen für die Ewigkeit werden, zu einer Todesfalle. Religion kann auch Christen in die Irre führen, die ihr Leben auf alles bauen, was irgendwie mit Gott zu tun hat, statt auf Gott selbst. Vielleicht ist das der Grund, warum wir es mit all den anderen Wasserlöchern probieren: Wenn wir alle Punkte auf unserer Checkliste abgehakt und die Rituale durchgeführt haben, wozu brauchen wir Gott dann noch? Wir können unser Leben führen, so wie es uns gefällt, und aus jedem Wasserloch schöpfen, von dem wir der Meinung sind, es könnte uns helfen.

> Religion kann auch Christen in die Irre führen, die ihr Leben auf alles bauen, was irgendwie mit Gott zu tun hat, statt auf Gott selbst.

VERLOBT IN EWIGKEIT

Orthodoxe Juden binden sich Gebetsriemen um Handgelenk und Stirn. An den Riemen sind kleine Lederschachteln, die ein Zettelchen mit Bibelzitaten enthalten, um so 5. Mose 6,8 wörtlich zu befolgen. Beim Befestigen der Gebetsriemen rezitieren fromme Juden Hosea 2,21-22: „Ich will dich für immer zu meiner Frau machen. Ich will dich rechtskräftig zu meiner Ehefrau machen und will dir meine unwandelbare Liebe und mein Erbarmen beweisen. Ich werde dir für immer treu sein, und du wirst lernen, mich vollkommen als deinen Herrn anzuerkennen."

Herb Opalek war in einem Hotel in Boston gestrandet, ohne Koffer, mit nur einigen Habseligkeiten. Er hatte nichts zu tun, und während die Fluggesellschaft seinen Koffer aufspürte, saß er da und drehte Däumchen.

„Ich hatte einen Band der Mischna bei mir, dem mündlich überlieferten Gesetz. Natürlich kannte ich die hebräische Bibel auswendig, seit ich acht war", erzählte Herb. „Doch aus irgendeinem Grund war mir an diesem Abend nicht nach akademischer Arbeit zumute."

Er zappte sich durch die Fernsehkanäle, bis er schließlich bei *Nightline*, einer Spätnachrichtensendung, landete, die ihn jedoch langweilte. Gewohnt, bis in die frühen Morgenstunden über seinen geliebten Büchern zu hocken, durchforstete der Gelehrte im besten Alter das gesamte Hotelzimmer nach Lesestoff. In der Nachttischschublade fand er eine Gideonbibel.

„Als ich sie aufschlug, landete ich beim Johannesevangelium, und ich fragte mich: ‚Warum ausgerechnet Johannes?' Über Johannes hatte ich promoviert. Ich konnte das Evangelium in der griechischen Urfassung lesen. Ich kannte die syrische Übersetzung von Ephräm dem Syrer und einige andere. Die meisten lateinischen und griechischen Kommentare dazu hatte ich auch gelesen. Daher vermutete ich nicht, dass die Lektüre mein Interesse wecken könnte. Trotzdem fing ich an zu lesen. Als ich zum Kapitel 3 vorgedrungen war, zu dem Vers, wo Jesus Nikodemus sagt, man müsse von oben neu geboren werden, fing ich an zu weinen."

Es wurde eine lange Nacht. Herb las noch einmal alle vier Evangelien und versuchte ihrer Bedeutung auf die Spur zu kommen, indem er sie vor dem Hintergrund der Propheten Jesaja und Jeremia las. Er wusste, dass Jesaja den leidenden Gottesknecht vorausgesagt und genaue Einzelheiten zum Kommen und Sterben des Messias angegeben hatte. Plötzlich war das Johannesevangelium nicht mehr einfach nur ein Stück Literatur. Er sah die Geschichte mit völlig neuen Augen.

Dieses Mal spürte er etwas.

Die vielen Jahrzehnte akademischer Beschäftigung mit der Bibel verblassten angesichts der Kraft, die an seinem Herzen rüttelte. „Als der Morgen kam, hatte ich Angst wie noch nie zuvor in meinem Leben. Ich wusste nicht, was ich tun oder wie ich es tun sollte." Wieder zu Hause in New York angekommen, warf Herb seinen Computer an und tippte in das Fenster einer Suchmaschine biblische Begriffe ein, statt sie in das Schächtelchen seiner Gebetsriemen zu legen. Irgendwie ging ihm dabei die Verheißung Gottes an Hosea durch den Kopf: „Ich werde dir für immer treu sein und du wirst lernen, mich vollkommen als deinen Herrn anzuerkennen." Inzwischen sind über fünfzehn Jahre vergangen, doch er erinnert sich immer noch an die Begriffe, die er damals eintippte: „Jesus, zum Glauben kommen".

Und dann sprang ihn das ewige Leben an. Es wartete in einer Obdachlosenunterkunft.

NEUE HEIMAT

Als Herb seine Suche durchführte, hatte er keine Ahnung, wohin ihn das führen würde. Als er dann unangekündigt in einer Obdachlosenunterkunft in New York auftauchte, hieß ihn der Leiter David Hayes mit offenen Armen, wenn auch leicht verwirrtem Blick willkommen. Man kannte Herb als Professor und Dekan einer Jeschiwa in Brooklyn, einer ultraorthodoxen Rabbinerschule, die eine Ausbildung von der Vorschule bis zum Seminar anbietet.

David zeigte Herb die Einrichtung, und er sah Obdachlose, die mit allen möglichen Teufeln zu kämpfen hatten. Zum ersten Mal in seinem Leben wusste dieser Gelehrte nicht, was er denken sollte. Er nahm keine Drogen und gönnte sich kaum jemals ein Glas Wein. Er hatte ein gemütliches Zuhause. Trotzdem stand er hier mitten in einem Obdachlosenasyl. Für seine Anwesenheit gab es kaum eine Erklärung, abgesehen davon, dass diese Einrichtung eine Art letzte Zuflucht war. Sie wandte sich an Menschen, die am Ende waren.

„Ich brauchte einen Ort, der mir half, mich von äußeren Einflüssen zu lösen, einen Ort, an dem ich mit Gott reden konnte, um zu erfahren, was er wirklich von mir wollte", erklärte Herb. „Ich glaube, ich bin David eine Menge schuldig, denn er riskierte es, mich aufzunehmen. Ich erklärte mich bereit, an dem Programm teilzunehmen, ohne jemandem etwas von meinem Hintergrund zu verraten. Nach einem Monat wollte ich dann entscheiden, ob das zu mir passte und ob ich bleiben würde. Ginge ich früher, wäre das auch in Ordnung, niemand würde mir etwas vorwerfen. Nach sieben oder acht Wochen legte ich ein Glaubens-bekenntnis ab. Ich hatte anhand der Bibel immer besser begriffen, dass allein Jesus der Weg zum Vater ist."

Nikodemus kam bei Nacht zu Jesus, und Herb Opalek sucht ihn am finstersten aller Orte auf. Für Nikodemus gab es kein Zurück mehr, und Herb kannte dieses Gefühl nun auch.

„Für meine Familie bin ich tot", erzählte Herb. „Letztens habe ich ein Familienmitglied auf der Straße getroffen, als ich wegen einer Konferenz in einer anderen Stadt war. Der Mann kam auf mich zu, und ich streckte ihm meine Hand entgegen, um sie zu schütteln. Doch er schlug mich und spuckte mich an. Ihrer Auffassung nach habe ich meine Religion verraten."

Es liegt eine gewisse Ironie darin, dass er jetzt eine neue Familie hat. Seit etwa sechs Jahren arbeitet Herb nun als Direktor der *Merced County Rescue Mission* im kalifornischen Merced. Er erreicht die Menschen so, wie Gott ihn damals erreichte, ihn, den auf ewig Heimatlosen.

Tausende Menschen haben eine entscheidende Kehrtwende erfahren, Hunderte wurden gerettet. Sie alle haben einmal zum Bodensatz der Gesellschaft gehört, hier an der Westküste Amerikas, weit weg von New York, wo Herb seine Wurzeln hat. Herb streift sich keine Gebetsriemen mehr über, doch er ist eine wandelnde Erfüllung der Verheißung in Hosea. Er ist mit dem einen wahren Gott verlobt, dem Brunnen, nach dem ihn inmitten eines Ozeans von Religion dürstete.

Es geht nicht mehr um Rituale. Es geht um die Wahrheit.

Herb hat diese Wahrheit vor fünfzehn Jahren begriffen, als er mutterseelenallein in einem Hotelzimmer in Boston saß, ohne Gepäck und andere Habseligkeiten. Dort las er das Johannesevangelium, ohne das Bedürfnis zu verspüren, es in die Grundsprache Aramäisch zurückzuübersetzen. Nein, dieses Mal arbeitete das Evangelium an ihm.

„Im Judentum ist das Studium der Thora, des Wortes Gottes, ein Akt der Anbetung. Im Christentum haben wir dieses Stadium noch nicht erreicht – das Stadium, wo Nachdenken und Studieren zur Anbetung Gottes zählen", sagte Herb. „Für mich wird das Wort im beständigen Bibelstudium lebendig. Es wird lebendig, weil es aus einem Gelehrten in seinem Elfenbeinturm jemanden gemacht hat, der unter den Ärmsten der Armen arbeitet. Jemanden, dem vor fünfzehn Jahren beim Betreten eines Gebäudes nie der schmutzige Fußboden aufgefallen wäre und der nie selbst zum Besen gegriffen hätte, um anderen ein Beispiel zu geben. Er hätte sich auch niemals vorstellen können, einem Menschen mit verlaustem Haar zu helfen, sich die Haare mit Spezialshampoo zu waschen.

„Denn", so erklärte er mir nach einer kleinen Pause, in der er wohl an das Hotelzimmer in Boston zurückdachte, „genau das bedeutet es, sich um das eine verlorene Schaf zu kümmern."

KAPITEL 6

Ganz schön tief
Das Wasserloch der
Eigeninitiative

Im Sommer 2005 begannen die Casting Crowns, bei Open-Air-Festivals aufzutreten. Man kann sich das in etwa wie gigantische Woodstocks für Jesus mitten auf der grünen Wiese vorstellen.

Die Veranstalter bieten den Künstlern oft kleine Annehmlichkeiten an. Manchmal gibt es für uns einen besonderen Raum mit einem netten Büfett oder einen Ort, an den man sich zurückziehen kann, um sich zu entspannen. Meistens findet sich auch ein Zimmer, in dem die Gruppe vor dem Auftritt noch einmal zusammenkommen kann. Bei einem Festival gab es etwas Neues und Überraschendes: Es wurden Gratismassagen angeboten.

Ich sah das Hinweisschild, gleich nachdem wir angekommen waren, ging aber weiter, weil mir nicht so recht klar war, was mich dort erwarten würde. Ich hatte noch nie eine Massage genossen und mir kam das alles recht seltsam vor. Ich vermute, ich hatte ein echt freudsches Problem damit, dass mich Fremde mit ihren Händen berühren.

Melanie und ich bemerkten das Schild dann beim Mittagessen noch einmal. „Vielleicht solltest du es einmal mit dieser Massage probieren", schlug sie mir vor. Sie wusste, wie sehr mir mein Rücken in der vorangegangenen Woche zu schaffen gemacht hatte.

„Ach, ich weiß nicht", entgegnete ich. „Ich habe keine Ahnung, was da passiert."

In Wirklichkeit hatte ich vor meinem geistigen Auge ein sehr genaues Bild, weil ich das im Fernsehen schon einmal gesehen hatte. Ich stellte mir vor, wie ich mit nacktem Rücken auf einem Tisch lag, meine untere Hälfte mit einem Handtuch bedeckt.

Melanie lächelte. „Gucken wir es uns doch mal an."

Und es lohnte sich. Die Wirklichkeit hatte nichts mit meiner Filmszene gemein. Ich behielt meine Kleidung an und Melanie blieb bei mir. Eine freundliche Dame bat mich, mich bäuchlings auf den Tisch zu legen.

„Wo sind Sie verspannt?", fragte sie.

„Hier im Nacken und da unten am Rücken", antwortete ich und deutete auf die schmerzenden Stellen. Ich lag mit dem Gesicht nach unten und war noch immer nervös. Viele Gedanken rasten durch mei-

nen Kopf. *Ich habe keine Ahnung, was gleich passieren wird. Ich möchte ei-*
gentlich aufstehen und gehen. Mir gefällt das nicht. Ich kann das Zimmer nicht
sehen. Ich kann nicht sehen, was hier vorgeht. Ich fühle mich verletzlich. All
diese Jahre als Mitglied der Mafia – was ist, wenn mich gleich jemand aus dem
Weg räumen will?

In diesem Augenblick fing die Frau an, mich um die Schulterblät-
ter herum zu massieren. Im Bruchteil einer Sekunde änderte sich alles.
Ich glaube, irgendwann machte ich ihr sogar einen Heiratsantrag. Aber
Melanie war ja da und redete mir das aus.

Als die Frau meinen Nacken massierte, merkte ich, dass sie nach irgendetwas suchte. Sie knetete mich durch, machte dann eine Pause und
tastete meine Haut ab, massierte weiter, und dann tastete sie wieder herum. Schließlich hatte sie es gefunden.

Als sie einen bestimmten Punkt traf, glaubte ich vom Tisch springen
zu müssen. Sie bohrte ihren Finger in einen Knoten, der tief in meinen
Muskeln verborgen war. Schmerzen durchfluteten meinen Körper, so
stark, wie ich sie noch nie verspürt hatte, und raubten mir den Atem.

Normalerweise hätte ich gesagt: „Also, hier tut es weh. Am besten
vermeiden wir diese Stelle und versuchen es woanders." Aber so funktioniert das nicht. Ich zuckte zusammen, als sie die Stelle berührte, doch
ein wissendes Lächeln umspielte ihre Lippen.

„Ah ja", sagte sie. „Da sitzt es also."

„Ja, genau da sitzt es", sagte ich. „Probieren wir es einmal mit der
anderen Seite."

„Nein, diesen Knoten müssen wir rauskriegen", erwiderte sie und
drückte noch stärker darauf.

Ich habe keine Ahnung, was sie benutzte – einen Fleischwolf, einen
Schraubenzieher oder vielleicht auch einen Vorschlaghammer –, doch
mit frischer Kraft bohrte sie an dieser Stelle herum, um, in ihren Worten, „diesen Knoten rauszukriegen". Es fühlte sich an, als würde sie
mich umbringen. Der Daumen einer zierlichen Frau auf einem verhärteten Muskel kann einen erwachsenen Mann zum Weinen bringen.

Sie massierte so lange auf dieser Stelle herum, bis sie zufrieden war,
doch unmittelbar danach entdeckte sie einen weiteren Knoten. Wamm!

Wieder drückte und bohrte sie. Ich konnte mich gerade noch beherrschen, nicht wie ein Hund loszuheulen.

Die Massage selbst machte mir überhaupt keine Freude, aber als ich vom Tisch aufstand, konnte ich gar nicht glauben, wie gut ich mich fühlte. Die Verspannungen und Schmerzen waren wie weggeblasen.

„Trinken Sie jetzt viel Wasser", meinte sie. „Das spült das Gift heraus, das wir gerade in Ihren Muskeln freigesetzt haben."

Gift tief drinnen in meinem Körpergewebe. Schmerzhaftes Gift. Es muss freigesetzt werden und mit gutem, lebendigem Wasser aus dem Körper gespült werden. Stellen Sie sich das einmal vor.

> Ich begriff, dass Jesus auch manchmal tief graben muss, um an die schmerzenden Stellen heranzukommen.

Und dann dämmerte es mir. Ich begriff, dass Jesus auch manchmal tief graben muss, um an die schmerzenden Stellen heranzukommen.

AUF FISCHFANG

In Lukas 5 wird geschildert, wie Jesus eines Tages Petrus begegnete, dem Mann, der einer seiner engsten Freunde werden sollte und der führende Kopf unter den zwölf Jüngern.

Das Kapitel beginnt damit, dass eine Menschenmenge zusammenströmt, um Jesus am Ufer des Sees Genezareth predigen zu hören. Ginge Jesus noch einen Schritt weiter zurück, stünde er knöcheltief im Wasser. Daher steigt er in Petrus' Boot und bittet ihn, ein wenig auf den See hinauszurudern, damit er etwas Freiraum hat. Dann stöpselt er den Verstärker ein.

Haben Sie schon einmal etwas über einen See gerufen? Das hat den Effekt einer natürlichen Verstärkeranlage. Jesus weiß das. Schließlich hat er das Wasser und überhaupt alles geschaffen.

Wie jeder gute Redner illustriert Jesus seine Predigt mit einem Beispiel. Er fordert Petrus auf, noch weiter auf den See hinauszurudern,

wo das Wasser tiefer ist, und seine Netze „für einen Fang" (ELB) auszu-
werfen. Interessant, dass Jesus nicht vom Fischen, sondern vom Fangen
spricht, oder? Er sagt, dass sie einen Fang machen werden.

Petrus antwortet: „Meister, wir haben die ganze letzte Nacht hart
gearbeitet und gar nichts gefangen. Aber wenn du es sagst, werde ich es
noch einmal versuchen" (Lukas 5,5).

Petrus ist von Beruf Fischer. Als Jesus zu ihm ins Boot steigt, sind die
anderen Fischer schon weg. Sie sind fix und fertig. Gerade säubern sie
ihre Netze, weil sie die ganze Nacht gearbeitet haben – ohne auch nur
einen einzigen Fisch zu fangen. Wenn Sie schon einmal zum Angeln
gegangen sind und nichts gefangen haben, kennen Sie dieses Gefühl
der Leere. Sie kommen nach Hause, machen Ihr Angelzeug sauber und
sagen sich: *Das habe ich alles für nichts und wieder nichts gemacht.*

Genau das glauben auch Petrus und seine Kollegen, als Jesus sie auffordert, ein wenig hinauszurudern und die Netze noch einmal auszu-
werfen – genau die Netze, die Petrus gerade sauber gemacht hat. Petrus
muss sich dabei gedacht haben: *Ja, ja. Du bist ein Lehrer und kannst gute
Reden halten, aber hier kenne ich mich besser aus als du. Du hast gerade meine Welt betreten, und vom Fischen hast du keine Ahnung. Ich weiß, was ich tue,
und mein Instinkt sagt mir, dass das reine Zeitverschwendung ist, weil die Fische um diese Zeit nicht beißen.*

Jesus kommt hier mit einem Rat, der eigentlich in Petrus' Kompe-
tenzbereich fällt. Was die Fischerei betrifft, ist Petrus der Fachmann.
Aber plötzlich kommt da jemand und sagt: „Für dein Leben habe ich
noch etwas anderes und Besseres im Sinn als du."

Schon komisch, oder? Die meisten
von uns hätten den Vorschlag abgelehnt,
den Jesus hier macht. Wenn Petrus den
Rat Jesu nicht befolgt hätte, hätten wir
nie wieder von ihm gehört und von seinen Kollegen in dem anderen
Boot auch nicht. Doch Petrus ist höflich und tut wie ihm geheißen.

Dann verändert Jesus sein Leben. Petrus macht zusammen mit seiner Crew einen so gewaltigen Fang, dass die gesäuberten und geflick-
ten Netze anfangen zu reißen. Die Fischer winken ihren Kollegen in

Die meisten von uns hätten den
Vorschlag abgelehnt, den Jesus hier
macht.

einem anderen Boot zu, damit sie ihnen zu Hilfe kommen. Bald beginnen beide Boote unter der Last der Fische zu sinken.

Geschäftlich gesehen ist das für Petrus ein erfolgreicher Tag. Doch schauen wir uns einmal seine Reaktion an: „Als Simon Petrus begriff, was da geschehen war, fiel er vor Jesus auf die Knie und sagte: ‚Herr, kümmere dich nicht weiter um mich – ich bin ein zu großer Sünder, um bei dir zu sein‘“ (Vers 8).

Petrus begreift, dass Jesus in seine Welt getreten ist, sie auf den Kopf gestellt und etwas gemacht hat, das normalerweise nicht passiert. Die moderne Entsprechung wäre ein Immobilienmakler namens Bob, der einhundert brandneue Häuser verkaufen soll. Nach einigen Monaten gibt er auf, weil er noch keine einzige Immobilie an den Mann gebracht hat.

„Ich bin dann mal weg“, sagt er.

Er setzt sich in sein Auto und parkt rückwärts aus der Ausfahrt des möblierten Musterhauses aus. Gerade als er in die Hauptstraße vor der Siedlung einbiegen will, taucht ein Mann auf und klopft an die Seitenscheibe.

„Gehen Sie noch einmal zurück ins Büro“, sagt er, „und Sie werden heute alle Häuser verkaufen.“

Wenn das jemandem von uns passierte, würden wir vermutlich die Polizei rufen. Aber sagen wir einmal, dass Bob sich dafür entscheidet, so höflich zu bleiben wie Petrus. Er wendet und fährt wieder zurück. Auf der Auffahrt jedes einzelnen Hauses stehen mindestens zehn Familien und rufen: „Ich will dieses Haus kaufen!“ Mehr als eintausend Familien bewerben sich um die einhundert Häuser. Als Immobilienmakler weiß Bob, dass so etwas einfach nicht passiert. Er blickt den Mann an, der ihn gerade aufgefordert hat, zu seinem Büro zurückzukehren, und versteht, dass irgendetwas an ihm besonders ist. Bob sagt sich: *Diesen Mann muss ich kennenlernen.* Er ist bereit, alles zu tun, was er von ihm verlangt.

Kein Wunder, dass Petrus über Jesus staunt. Er fühlt sich unwürdig, sich in der Gegenwart eines Mannes aufzuhalten, der einen ganzen Fischschwarm unter Kontrolle hat. Und obwohl er tatsächlich unwürdig ist, hat Jesus mit ihm und den anderen noch große Pläne.

„Hab keine Angst", sagt Jesus. „Von jetzt an wirst du Menschen fischen." Dann schreibt Lukas ganz nüchtern und sachlich: „Und sobald
sie am Ufer angelegt hatten, ließen sie alles zurück und folgten Jesus
nach" (Vers 11).

Die Netze werden kein zweites Mal gesäubert. Die Fischer brauchen sie nicht mehr. Heute haben sie mehr verdient als jemals zuvor
an einem Tag. Trotzdem lassen Petrus, Jakobus, Johannes und Andreas
alles hinter sich, weil sich ihre Perspektive verändert hat. Nichts, von
dem sie geglaubt haben, dass es wichtig sei, zählt mehr. Sie haben gedacht, ein solch erfolgreicher Tag sei das, worum es im Leben wirklich
gehe. Doch dann kommt Jesus und zeigt ihnen, dass es noch so viel
mehr gibt.

Hatten Sie auch schon einmal das Gefühl, es müsse noch mehr geben?

Die meisten von uns versuchen, im Beruf oder in der Gemeinde ein
bestimmtes Ziel zu erreichen. Wir möchten an erfolgreichen Projekten
beteiligt sein. Im Berufsleben wollen wir die Karriereleiter erklimmen,
doch die meisten von uns merken auf halber Strecke, dass die Leiter an
der falschen Wand lehnt.

An diesem Punkt spüren viele, wie flach und oberflächlich das alles
ist: *Warum habe ich das Gefühl, ich vergeude meine Zeit? Es muss doch noch
mehr im Leben geben!* Das ist solch ein Petrus-Moment. Als er im Boot
stand und ihm die Fische bis zu den Knien reichten, erlebte er genau das.

Wenn ich damals mit Jesus im Boot gestanden hätte, hätte ich ihn
vor lauter Fischen gar nicht sehen können. Petrus hätte einfach sagen
können: „Jesus, hör mal zu. Warum steigen wir nicht zusammen ins Geschäft ein? Wir nennen unseren Laden *Jesus und Petrus – Fische für alle
Fälle*. Mir ist auch schon ein toller Slogan eingefallen: ‚Sie wollen Fische? Wir besorgen Ihnen welche!' Und dann habe ich noch eine Idee.
Wir könnten die Fische in Streifen schneiden und das dann Fischstäb-
chen nennen. Klingt verrückt, aber vielleicht springen die Leute darauf
an. Ich kenne jemanden, der uns eine knackige Website erstellt. Jesus,
wenn du dich darauf einlässt, könnten wir richtig Knete machen. Wir
würden weltweit ins Geschäft einsteigen."

Aber so funktioniert das nicht mit Jesus. Jesus will nicht nur in unser Leben treten. Er will unser Leben werden. Er sagt uns: „Ich möchte Herr über alles sein. Ich will dein Leben in die Hand nehmen. Aber wenn du darauf bestehst, trete ich zur Seite, und du behältst die Fäden in der Hand."

Wir stehen also vor einer Entscheidung. Wenn wir uns entschließen, unser Leben selbst in die Hand zu nehmen, schöpfen wir aus dem Wasserloch der Eigeninitiative. In amerikanischen Gemeinden ist das gang und gäbe. Wir fühlen uns unabhängig und stark, und das macht es uns schwer, auf den Herrn zu harren, auf seine Stimme zu hören und uns seiner Führung anzuvertrauen.

> Jesus will nicht nur in unser Leben treten. Er will unser Leben werden.

Ein weiterer Aspekt dieses Wasserlochs ist, dass es von vielen kleinen Nebenflüssen gespeist wird, zum Beispiel Selbstvertrauen, Kreativität und Erfahrung. All das kann sinnvoll und positiv sein. Doch wenn wir uns allein darauf stützen, statt uns Gott zu unterwerfen, ohne dessen Segen wir überhaupt nichts tun könnten, münden diese Nebenflüsse ins riesige Wasserloch der Eigeninitiative, das uns Zufriedenheit aufgrund eigener Anstrengungen verheißt, uns in Wirklichkeit aber noch viel durstiger macht.

INSTINKT

Ich bin Petrus sehr ähnlich. Meine Spontanität macht mir manchmal zu schaffen. Aus meinem Mund hört man häufig die Bemerkung: „Also damals schien mir das eine gute Idee zu sein."

Auch Petrus hat manches vermasselt. Meistens war er der Erste, der den Mund aufmachte und handelte. Er hieb einem Mann das Ohr ab in dem Versuch, die Kreuzigung zu verhindern (Johannes 18,10). Zu wissen, was man kann und will, hat aber auch seine guten Seiten. Petrus zögerte nicht zu bekennen: „Du bist der Christus. Du bist der Sohn des lebendigen Gottes." Er sprang aus dem Boot und ging übers Wasser

(Matthäus 14,29). Doch gerade weil er schnell bereit war, solch einen Sprung zu wagen, traf er häufig übereilte Entscheidungen und schmiedete eigene Pläne.

Ich bin ein Macher, und das kann ein Problem sein. Melanie unterrichtet unsere vier Kinder zu Hause und führt den Haushalt. Daneben erledigt sie für die Casting Crowns alles, was mit Management und Finanzen zu tun hat. Hin und wieder wird ihr der Stress zu viel und sie stöhnt: „Ich weiß einfach nicht, wie ich das heute alles schaffen soll."

Dann kommt der Petrus in mir an die Oberfläche. Aus mir platzt es heraus: „Also, ich sage dir, wie wir das angehen. Wir fragen jemanden, der dieses Problem lösen kann, und dann bitten wir jemand anderes, sich um jenes Problem zu kümmern. Zur Not stellen wir noch jemanden ein."

Sie schaut mich an, als sei ich ein Außerirdischer. „Schatz, das brauche ich alles gar nicht. Ich brauche nur eins: dass du mir zuhörst."

Ich kann mir kein Problem anhören, ohne es lösen zu wollen, und meistens stürze ich mich darauf, ohne vorher zu beten, in die Bibel zu schauen oder Gott zu bitten, mir die richtige Richtung zu zeigen. Stattdessen überlege ich automatisch: „Wie kann ich die Situation verbessern?"

Wie Petrus habe ich eine große Klappe – manchmal ist das gut, manchmal auch nicht. Ab und an geht mir erst hinterher auf, was ich gerade jemandem versprochen habe, und dann frage ich mich, wie ich dieses Versprechen nur halten kann. Ich bin erstaunlich gut darin, neue Projekte anzustoßen. Ich kann alles Mögliche initiieren. Ich brüte eine kreative Idee pro Minute aus (Eigeninitiative pur). Aber alles dann durchzuziehen und zu einem guten Ende zu bringen? Das ist nicht meine Stärke.

> Je mehr Zeit ich mit Bibellesen und Gebet verbringe, desto stärker verändern sich nicht nur meine Gedanken und meine Augen, sondern mit der Zeit auch meine Instinkte.

Für mich liegt die Antwort darin, einen Gang zurückzuschalten. Wenn ein Problem auftaucht, muss ich mich an Römer 12 erinnern. Dort heißt es, dass Gott uns durch die Veränderung unserer Denkweise in neue Menschen verwandelt. Je mehr Zeit ich mit Bibellesen und Gebet verbringe, desto stärker verändern sich nicht nur meine Gedanken und meine Augen, sondern mit der Zeit auch meine Instinkte. Auf diese Weise macht uns Gott zu Heiligen, so wie er selbst heilig ist. Daraus erwächst die Frucht des Heiligen Geistes, zu der auch Geduld und Selbstbeherrschung gehören.

Als John Michael, unser erstes Kind, ein Jahr alt war, verließen wir eines Sonntags nach dem Gottesdienst das Gebäude, in dem die Kinder betreut wurden. Ich stand unter dem Vordach, wo man vor und nach dem Gottesdienst zusammenkam, um zu plaudern, und zwar an der Kante der vier Stufen, die zum gepflasterten Parkplatz hinunterführten. Er lag etwa einen Meter tiefer.

Als ich die oberste Stufe betrat, blieb ich mit dem Schuh hängen. Ich war immer noch drei Stufen vom gepflasterten Parkplatz entfernt und hielt mein Kind im Arm, als ich stürzte. Natürlich wusste ich genau, wie man sich in solch einem Fall normalerweise verhält. Entweder muss man die Hände nach vorne ausstrecken, um den Sturz abzufangen, oder sich über die Schulter abrollen. Als Kind war ich oft genug auf dem Skateboard unterwegs, um zu wissen, wie man eine ernsthafte Verletzung verhindert. Ich war schon einmal einen Hügel hinuntergekullert, ohne mir die Knochen zu brechen.

Mit John Michael im Arm drehte ich mich blitzschnell um und kam mit dem Rücken auf dem Pflaster auf. Nicht gerade die beste Art und Weise zu landen. Ich bekam keine Luft mehr, und John Michael lag auf meinem Bauch. Er hüpfte auf und ab und kicherte.

Benommen lag ich da. Mein erster Gedanke war, zu überprüfen, ob noch alles ganz war. Alle rannten zu meinem Jungen, um nachzusehen, ob es ihm gut ging, während ich versuchte, wieder auf die Beine zu kommen. Später begriff ich, dass ich bei diesem Sturz anders reagiert hatte als sonst. Ich hatte mich in der Luft weiter gedreht, um auf dem Rücken zu landen, mit einem für mich schmerzhaften Ergebnis. Ich blickte meinen Freund Greg an.

„Mensch, ich bin überhaupt kein Ninja, nicht im Entferntesten. Und ich habe auch keine Reflexe wie eine Katze", meinte ich. „Ich habe keine Ahnung, wie ich mich so schnell drehen konnte, dass ich auf dem Rücken landete."

Greg lächelte. „Das kommt davon, dass du jetzt Vater bist. Du hast völlig andere Instinkte."

Das war für mich eins der ersten Bilder dafür, was Heiligung bedeutet – nämlich den Punkt zu erreichen, wo mein erster Instinkt der ist, das zu tun, was Gott von mir möchte. Auf den Rücken zu fallen, um mein Kind zu schützen, war eine instinktive Reaktion, die sich mit der Art von Heilung vergleichen lässt, die ich mir wünsche. In meinem Leben gibt es geheiligte Bereiche, wo mein erster Gedanke ist: *Ich weiß genau, was ich zu tun habe.* In anderen Bereichen arbeitet Gott noch an meinen Instinkten.

> Das war für mich eins der ersten Bilder dafür, was Heiligung bedeutet – nämlich den Punkt zu erreichen, wo mein erster Instinkt der ist, das zu tun, was Gott von mir möchte.

Römer 12 besagt, dass Gott meine Instinkte durch sein Wort verändern muss, damit ich nicht mehr meinen ganz menschlichen Verstand gebrauche und auf meine eigene Kraft und meine Ideen zurückgreife. Die Umgestaltung erwächst aus einem erneuerten Denken. Hinter diesem Prozess steht Jesus, der alles neu macht (Offenbarung 21,5).

Wie gesagt, es ist ein Prozess. Er braucht Zeit. Gott verändert unser Denken und unsere Instinkte im Lauf unseres Lebens, wenn wir mit ihm gehen und uns mit seinem Wort der Wahrheit auseinandersetzen. Von Zeit zu Zeit vermasseln wir es, weil wir gefallene Menschen sind. Doch selbst wenn wir untreu sind, bleibt er treu. Er hilft uns wieder auf die Beine und macht einen Neuanfang.

Fragen Sie einfach Petrus.

WAS FÜR EIN GESTANK!

Seinen größten Fehler machte Petrus, als er um sein Leben fürchtete. Als die führenden Köpfe unter den Juden Jesus in der Nacht vor seiner Kreuzigung schlugen, anspien, verhöhnten, verspotteten und verhörten, kuschte Petrus vor einem Mädchen im Teenageralter, das ihn als Gefährten des Mannes erkannt hatte, den sie drinnen gerade misshandelten. Petrus bekam es mit der Angst zu tun, weil Menschen eben Angst bekommen. Wir sind schwach. Solange wir in unserer Haut stecken, tun wir manchmal die dümmsten Dinge, die man sich überhaupt vorstellen kann. Alle Augen waren auf ihn gerichtet, als er sich an dem Holzkohlenfeuer wärmte. Nicht einmal, nicht zweimal, nein, dreimal versagte er innerhalb weniger Minuten − eine Erfahrung, die sein Leben verändern sollte.

Es ist leicht, Petrus zu verurteilen. Man kann sich schnell vormachen, man selbst hätte Jesus niemals verraten, nachdem man drei Jahre mit ihm durchs Land gezogen ist. Dabei vergessen wir oft, dass Petrus noch nicht den Heiligen Geist empfangen hatte. In dieser verzweifelten Stunde war er ganz auf sich gestellt.

In Lukas 22,61 heißt es, dass sich Jesus umdreht und Petrus anschaut, nachdem der ihn dreimal verleugnet hat. Jesus wird von einem Gebäude ins nächste gezerrt, während Petrus versucht, sich von ihm zu distanzieren. Ihre Blicke begegnen sich, unmittelbar nachdem der Hahn nach der dritten Verleugnung gekräht hat. Können Sie sich das vorstellen?

Nachdem Petrus angesichts seines Versagens geweint hatte, glaube ich, dass etwas in ihm wie taub wurde. Was sonst sollte in solch einem Augenblick passieren? Die meisten von uns vergleichen sich in solch einem Fall mit anderen, denn solange wir uns auf ihre Fehler konzentrieren, geraten unsere eigenen nicht ins Blickfeld. Ich bin sicher, dass Petrus das ganze Spektrum der Emotionen erlebte.

Für Jesus war es nun an der Zeit, noch tiefer zu graben. Er musste sich mit den schmerzenden Stellen befassen.

In Johannes 20 erscheint der auferstandene Jesus zweimal den Jüngern, die sich nach der Kreuzigung voller Angst aus dem Staub gemacht haben. Der Engel, der den beiden Marias am leeren Grab erschienen war, hatte ihnen erklärt, dass Jesus mit den Jüngern in Galiläa zusammentreffen würde. Sie jedoch verharrten in ihrer Furcht und verbarrikadierten sich in Jerusalem, wo Jesus ihnen im späteren Verlauf des Abends erscheint (Johannes 20,19).

Einige Tage später führt Petrus die Jünger nach Galiläa. Schauen wir uns ihr Gespräch einmal näher an: „Simon Petrus sagte: ,Ich gehe fischen.' ‚Wir kommen mit', meinten die anderen. Also fuhren sie im Boot hinaus, doch sie fingen die ganze Nacht über nichts" (Johannes 21,3).

Petrus hatte seinen Beruf als Fischer aufgegeben, als er mit Jesus durchs Land zog. Ihm blieb dafür einfach keine Zeit, nun da er sein altes Leben hinter sich gelassen hatte, um Jesus nachzufolgen. Warum geht er jetzt auf einmal wieder fischen? Ich vermute, dass Petrus solche Schuldgefühle hatte, dass er Zuflucht bei der Tätigkeit suchte, bei der er sich am wohlsten fühlte. Dahin führt das Leben aus Eigeninitiative: zu dem Bedürfnis, sich wohlzufühlen. Wir ziehen uns immer zu dem zurück, was uns vertraut und angenehm ist und was naheliegend erscheint.

> Dahin führt das Leben aus Eigeninitiative: zu dem Bedürfnis, sich wohlzufühlen. Wir ziehen uns immer zu dem zurück, was uns vertraut und angenehm ist und was naheliegend erscheint.

In Lukas 24,34 und 1. Korinther 15,5 lesen wir, dass der auferstandene Jesus mit Petrus ein Gespräch unter vier Augen führte, bevor er dem restlichen Jüngerkreis erschien. Es gibt keine Aufzeichnungen darüber, was dort gesagt wurde, doch ich glaube, dass Jesus Petrus tröstete und seine seelischen Verletzungen zu heilen begann.

Was mag Petrus gesagt haben? Sagte er überhaupt etwas? Ich bin sicher, dass ihm Folgendes durch den Kopf ging: *Was soll ich nur sagen? „Vergib mir, dass ich dich am letzten Tag deines Lebens, als du mich am meisten gebraucht hast, im Stich gelassen habe"? „Tut mir leid"?*

Alles war verloren, nachdem er den Sohn Gottes verraten hatte – das sagt uns die Logik. Die Logik behauptet, dass man nichts Schlimmeres tun könnte. Petrus muss geglaubt haben, er sei abgeschrieben. *Ich habe ihn verraten; ich habe ihn verflucht; und jetzt lasse ich ihn schon wieder im Stich, um meinem alten Beruf nachzugehen, obwohl ich ihn erkannt habe, und nehme sogar andere Jünger zum Fischen mit.*

Doch Jesus tut etwas Unglaubliches. Er erscheint am Strand, dort, wo Petrus in sein altes Leben zurückgekehrt ist, und bereitet ihm *Fisch* zum Frühstück zu. Sie brutzeln schon auf dem Feuer, als Petrus vom Boot aus ans Ufer schwimmt. Wieder einmal zeigt Jesus Petrus, dass er ihn mit allem Lebensnotwendigen versorgt, auch mit der Nahrung, für die Petrus eigentlich auf den See gefahren ist.

Jesus setzt den Prozess der inneren Heilung bei Petrus in Gang, indem er ihn fragt: „Liebst du mich?" Jesus gebraucht hier das Verb *agapao*, das eine aufopferungsvolle Liebe und tiefe Hingabe bezeichnet. Beschämt antwortet Petrus: „Herr, du weißt, dass ich dich liebe." Hier allerdings benutzt Petrus das Verb *phileo,* mit dem eher eine Art brüderliche Zuneigung gemeint ist. Jesus will der Sache auf den Grund gehen, Petrus dagegen an der Oberfläche bleiben, weil er fürchtet, einmal mehr zu versagen.

Jesus stellt noch einmal die gleiche Frage und bekommt die gleiche Antwort. Beim dritten Mal gebraucht Jesus selbst das Verb *phileo* statt *agapao*. Er fragt: „Petrus, empfindest du wenigstens brüderliche Liebe für mich?" Das trifft Petrus mitten ins Herz. Doch nach jeder Frage erteilt ihm Jesus dieselbe Anweisung, damit er weiß, dass er ihn noch nicht aufgegeben hat: „Weide meine Schafe."

Im Grunde sagte Jesus damit: „Erinnerst du dich noch an den Tag, da du mich Christus nanntest, den Sohn des lebendigen Gottes, und ich sagte, ich würde meine Gemeinde auf diesen Glauben bauen, den du damit zum Ausdruck brachtest? Du sollst diese Menschen führen. Meine *agape* (Liebe) hält euch und diese Gemeinde zusammen. Ich vergebe dir. Und jetzt an die Arbeit!"

Der Geruchssinn lässt Erinnerungen wieder lebendig werden. Manchmal steigt mir der Duft eines bestimmten Gerichts in die Nase und versetzt mich um Jahrzehnte in die Küche meiner Mutter zurück. Der Evangelist Herb Hodges wies darauf hin, dass Jesus den Fisch auf einem Holzkohlenfeuer zubereitete (Johannes 21,9). Meistens nahm man Holzscheite, weil es sie überall gab. Holzkohle war viel seltener. Herbs Auffassung zufolge ließ Jesus ein Holzkohlenfeuer brennen, damit Petrus durch den Geruch an das Holzkohlenfeuer erinnert wurde, an dem er sich wärmte, als er Jesus dreimal verleugnete (Johannes 18,18). Warum sonst würde in der Bibel wohl in beiden Szenen die Holzkohle ausdrücklich erwähnt?

Ja, jene Nacht, Petrus. Ich versetze dich in jene Nacht zurück und vergebe dir sogar das.

Jesus lässt nichts unversucht, um unseren Problemen auf den Grund zu gehen, die schmerzenden Stellen durchzukneten und die Beziehung zu ihm wieder in Ordnung zu bringen. Petrus war wieder in sein altes Leben zurückgefallen, und deshalb ging ihm Jesus nach. Jesus gibt uns niemals auf. Er spürte Petrus mal wieder bei den Booten auf.

Wenn ich aus dem Wasserloch der Eigeninitiative schöpfe, bedeutet das für mich, in meine alten Denkmuster zurückzufallen. Es ist so, als ob ich mich wieder meinem früheren Leben zuwende. Doch ich möchte mit meinem neuen Geist denken und aus der Bibel heraus leben. Ich will nicht mehr zu meinen alten Booten zurückkehren und mein Leben selbst in die Hand nehmen. Stattdessen möchte ich lernen, nicht mehr auf meine eigenen kurzsichtigen Lösungen zurückzugreifen, sondern darauf zu warten, dass Jesus spricht und handelt.

> Wenn ich aus dem Wasserloch der Eigeninitiative schöpfe, bedeutet das für mich, in meine alten Denkmuster zurückzufallen. Es ist so, als ob ich mich wieder meinem früheren Leben zuwende.

Wenn Sie das nächste Mal solch einen Petrus-Moment erleben, denken Sie an Jesus am Strand. Warten Sie. Glauben Sie. Vertrauen Sie ihm.

Und wenn Sie es wie Petrus vermasseln, ist Jesus bereit, Ihnen einen Neuanfang zu schenken. Wie begann Ihre Beziehung mit ihm? Er liebte Sie und nannte Sie sein Eigentum. Wenn Sie in die Vergangenheit gehen wollen, gehen Sie zu diesem ersten Tag zurück, dem Tag, an dem er Sie errettete und zu sich rief.

Er liebt Sie immer noch.

Er vergibt Ihnen immer noch.

Und immer noch gehören Sie ihm.

Es ist nicht nötig, dass Sie Ihre Hand nach den Wasserlöchern ausstrecken, die Sie sich gegraben haben, um Antworten zu finden. Es ist nicht nötig, dass Sie zu Ihren alten Fischernetzen greifen. Nicht nötig, wieder in den alten Trott zu fallen. Tauchen Sie einfach in sein Wort ein und halten Sie nach ihm Ausschau.

Er hat schon ein Feuer angezündet und wartet auf Sie.

KAPITEL 7

EINE UNERWARTETE WENDUNG DAS WASSERLOCH DER BEGABUNG

Ich war noch ein Junge, als ich erkannte, dass Gott mir eine musikalische Begabung geschenkt hatte. Mein Vater leitete oft den Lobpreis in unserer Gemeinde, und was in meiner Kindheit als Lehrzeit unter seiner Anleitung begann, setzte sich im College fort, nur dass mich diese Aufgabe jetzt voll ausfüllte.

Als ich mich schließlich bewusst für ein Leben mit Jesus entschied, schrieb ich mich am *Baptist College* in Florida ein. Ich kam auf den Campus mit dem Plan, Musik zu studieren, und war von der Aussicht begeistert, meine große Leidenschaft nun auch im akademischen Rahmen zu betreiben. Dann merkte ich, dass ich ein kleines Problem hatte: Ich konnte keine Noten lesen.

Am ersten Tag schrieben wir einen kleinen Test, weil der Dozent unsere Vorkenntnisse einschätzen wollte. Ich starrte eine Zeit lang auf das Blatt, setzte meinen Namen darauf, gab es ab und verließ den Raum. Mir wurde klar, dass ich noch nicht einmal musikalische Grundkenntnisse besaß, und versuchte zu ergründen, was ich hier eigentlich zu suchen hatte.

Bald erhielt ich eine Einladung zum *Male Chorale*, einem Gesangsensemble für Männerstimmen, das herumreiste und unser College repräsentierte. Studenten ab dem zweiten Studienjahr gehörten dazu. Ich war der allererste Erstsemesterstudent, der überhaupt mitmachen durfte. So kam ich auf andere Gedanken und musste mich nicht mehr im Selbstmitleid suhlen. *Hey, das wird schon. Alle finden, dass ich singen kann.*

Ich war schon immer musikalisch gewesen, doch wenn man sich entscheidet, Berufsmusiker zu werden oder diese Begabung im geistlichen Dienst einzusetzen, passiert etwas Seltsames. Es gelingt nämlich nicht mehr so gut, den Gesang anderer Leute zu genießen, wenn man als Kritiker zuhört. Es ist traurig, wenn jemand sich an einem Konzert nicht mehr erfreuen kann, weil er alles analysiert und mit kritischem Ohr hört.

Ich kann mich gut daran erinnern, wie ich im Vorlesungssaal und in der Universitätskapelle saß, während meine Kommilitonen etwas vorsangen. Wenn sie einen Ton nicht ganz sauber trafen, neigte ich den Kopf zur Seite und blinzelte ein bisschen. Es liegt mir fern, wie ein Juror bei einer Castingshow aufzutreten und den Kandidaten mit dummen Sprüchen vorzuhalten, wie schrecklich ihre Darbietung gerade war, doch innerlich ging ich auf Distanz. Dann brach Gott in mein selbstgefälliges, kleines Leben ein.

Nach etwa zwei Jahren am College begann mein Hals beim Singen zu schmerzen. Es fühlte sich nicht wie eine Halsentzündung an, sondern eher wie eine Muskelzerrung. Je mehr ich sang, desto mehr schmerzte es. Ich war frisch verheiratet, arbeitete als Musiker und Pastor, hatte keine Krankenversicherung und konnte mir deshalb keinen Arztbesuch leisten. Also fand ich mich erst einmal damit ab.

Es wurde immer schlimmer, und ich wusste, dass ich etwas unternehmen musste. Ich suchte einen Arzt auf, der mich an einen Spezialisten überwies. Der zählte zunächst einmal auf, was mit mir alles nicht stimmte. Unter anderem litt ich an chronischem Sodbrennen, weil Magensäure in die Speiseröhre zurückfloss. Das machte meiner Stimme ziemlich zu schaffen. Der Arzt verordnete meinen Stimmbändern eine zeitweilige Ruhepause. Ich sollte möglichst wenig sprechen und schon gar nicht singen.

Man hatte mich eingeladen, bei der Konferenz des Baptistenbundes in Florida ein Solo zu singen. Diese Gelegenheit konnte ich nun nicht wahrnehmen, und für einen Collegestudenten, der Erfahrungen sammeln, Verbindungen knüpfen und Pluspunkte für seinen Lebenslauf sammeln wollte, war das ein herber Rückschlag. Mir blieb nichts anderes übrig, als während der Gottesdienste still dazusitzen. Wenn ich die Lehrveranstaltungen besuchte, konnte ich nicht vorsingen und noch nicht einmal den Vortrag der anderen Studenten kommentieren.

Gott, was machst du denn bloß? Du hast mich doch zu dieser Aufgabe berufen, erinnerst du dich noch? Wir reden hier über meinen geistlichen Dienst.

All das bereitete mir ziemliche Bauchschmerzen, und wenn andere Leute die Stücke sangen, die ich eigentlich hätte übernehmen sollen, saß ich in der Ecke und schmollte. Ich war niedergeschlagen. Gleichzeitig arbeitete ich als Jugendpastor in der *New Zion Baptist Church* in Bethlehem, Florida, wo ich auch den Lobpreis am Sonntag leitete.

Es war eine kleine Landgemeinde, wo man niemals genau wusste, was sonntags geschehen würde. Eines Abends unmittelbar vor dem Gottesdienst kam ein Mann herein. Hin und wieder hatte ich ihn schon im Gottesdienst gesehen, doch an seinen Namen konnte ich mich nicht erinnern. Er war groß und stämmig und hatte ein breites Kreuz. Er trug einen Blaumann und ein weißes T-Shirt, so als hätte er den ganzen Tag draußen gearbeitet. Er kam geradewegs auf mich zu und sprach mich in seinem gedehnten Südstaatentonfall an: „Bruder Mark, der Herr hat mir ein Lied aufs Herz gelegt. Das möchte ich heute Abend singen."

Ich durfte ja leider nicht reden, geschweige denn lachen.

Du machst wohl Scherze, dachte ich. *Erstens steht der Gottesdienstablauf schon fest. Wir wissen genau, was wir heute Abend vorhaben. Zweitens weiß ich nicht, ob du überhaupt singen kannst. Du kannst doch hier nicht einfach aufkreuzen und für dich beschließen, dass du singen willst. Wir Sänger müssen dafür eine richtige Ausbildung durchlaufen.*

Ich blickte ihn an, nickte und lächelte einige Sekunden lang, bis ich mich gefangen und in Gedanken eine diplomatische Ablehnung formuliert hatte. Dann bemerkte ich, dass er fünf Zentimeter größer war als ich, zwanzig Kilogramm schwerer und schwielige Hände hatte.

„Ja, gerne", flüsterte ich. „Wann genau im Verlauf des Gottesdienstes möchten Sie singen?"

Ich bin ja nicht blöd.

Wir beschlossen, dass er sein Stück unmittelbar vor der Predigt von Bruder Harry vortragen würde. Als er an der Reihe war, kam er nach vorne, stellte sich hinter die Kanzel und gab eine A-cappella-Version von „His Eye is on the Sparrow" („Er achtet auf den Sperling") zum Besten.

> *Ich singe, weil ich glücklich bin, ich singe, weil ich frei bin,*
> *denn er achtet auf den Sperling, und ich weiß, er achtet auch*
> *auf mich.*

Ich weiß nicht mehr, ob er auch nur einen Ton sauber herausbrachte, denn was er sang, traf mich mitten ins Herz. Alle im Saal schwiegen ergriffen. Überall sah man Tränen. Nachdem er sein Lied beendet hatte und wieder an seinen Platz zurückgekehrt war, bekam ich kein einziges Wort der Predigt mehr mit. Gott sprach zu mir, gleich hier an Ort und Stelle, und zeigte mir: *„Mark, nicht mit deiner Stimme erreichst du die Menschen. Es kommt auf dein Herz an."*

Bald darauf nahm ich das Singen wieder auf. Ich hatte meine Lektion gelernt.

Heute darf ich in vielen Ländern auf der ganzen Erde Konzerte geben, in großen Stadien, Seite an Seite mit einigen der besten Künstler der Welt, doch Talent beeindruckt mich nicht mehr. Talent findet man überall. Gehen Sie nach Nashville, und Sie werden dort Leute finden, die besser singen als ich, besser als überhaupt jemand, den ich persönlich kenne, aber sie müssen in einem Restaurant kellnern, um über die Runden zu kommen. Talent gibt es überall. Ein aufrichtiges Herz und Demut sind selten.

> Gott schenkt uns einzigartige Begabungen, damit wir sie zu seiner Ehre einsetzen. Doch es passiert leicht, dass wir uns auf die Gabe verlassen statt auf den Geber.

Mit dem Talent verhält es sich wie mit vielen anderen Dingen: Wir können daraus eine gute Gabe oder auch einen Fluch machen. Gott schenkt uns einzigartige Begabungen, damit wir sie zu seiner Ehre einsetzen. Doch es passiert leicht, dass wir uns auf die Gabe verlassen statt auf den Geber. Wenn Talent zum Mittel *und* zum Zweck wird, ist daraus ein Wasserloch geworden.

DIE STÄRKE JESU

Schon immer habe ich mir den Apostel Paulus als Superchristen vorgestellt, auch wenn er selbst alles versucht hat, um diese Vorstellung zu entkräften. Er fühlte sich verpflichtet, überall, wo er war, von Christus zu erzählen, machte aber deutlich, dass nichts aus ihm selbst kam.

„Wenn ich mich auf mein Talent, meine Wortgewalt und meine Gaben verlasse", sagte er, „lebe ich nicht aus der Kraft Christi. Wenn ich nicht aus seiner Kraft lebe, zeigt sich seine Macht auch nicht" (1. Korinther 2,1-5; eigene Paraphrase).

Ich bin kein Superchrist, und manches kriege ich nicht auf die Reihe. Im Himmel wird man keinen größeren Deppen als mich finden. Diesen Witz bringe ich oft an den Mann, aber darüber hinaus ist das auch eine strategische Aussage. Ich bin nicht besser als die anderen, nur weil ich Pastor und Künstler bin. Wie man das Leben als Christ auch vermasseln kann – ich habe es schon hingekriegt. Und trotzdem liebt mich Gott.

Ich erzähle oft die Geschichte meines Lebens, weil ich nicht will, dass jemand meiner Begabung oder meiner Erfahrung auf der Bühne zu große Bedeutung beimisst. Ich will, dass man die Macht Gottes sieht. Meine Lebensgeschichte ist nicht besonders schön. Sie handelt vom Kampf gegen Legasthenie und eine Aufmerksamkeitsdefizitstörung, von Tests, Förderklassen und der Demütigung, die damit verbunden ist. Noch heute machen mir diese Probleme zu schaffen. Wenn Menschen meine Lebensgeschichte hören und begreifen, dass mir Gott meine Begabung geschenkt hat und sie nicht aus mir selbst stammt, schauen sie auf Gott.

Paulus drückte es so aus: „Gott hat das auserwählt, was in den Augen der Welt gering ist, um so diejenigen zu beschämen, die sich selbst für weise halten. Er hat das Schwache erwählt, um das Starke zu erniedrigen" (1. Korinther 1,27). Unser Talent trägt nichts aus. Alles wird durch Gottes Macht bewirkt. Wenn wir unsere Begabungen einsetzen, um Gott zu verherrlichen, steht trotzdem noch seine Macht dahinter. Er schenkte uns neues Leben, als wir geistlich tot waren. Er schenkte uns unsere Talente. Er schenkte uns die Ideen, die uns in den Kopf kommen. Alles verdanken wir ihm.

Wenn wir nicht Jesus, sondern unsere Fähigkeiten in den Mittelpunkt rücken, betonen wir das Mittel und nicht den Zweck und schöpfen aus dem Wasserloch der Begabung. An diesem Ort berauschen wir uns am Erfolg, so wie die Welt ihn versteht, doch wir bekommen immer mehr Durst, der nicht gestillt werden kann. Das Wasserloch der Begabung kann uns Aufmerksamkeit verschaffen, doch die stirbt einen schnellen Tod, wenn wir sie nicht in die Richtung desjenigen weitergeben, der allein unseren Lobpreis verdient.

GERINGER WERDEN

Paulus war ein brillanter Kopf. Als junger Mann hatte er das Judentum unter Gamaliel studiert, einem der hervorragendsten Gelehrten in Israel. Von mancher Seite wird vermutet, dass er dem Hohen Rat angehörte. Nachdem er Christ geworden war, stand er auf dem Areopag und diskutierte mit griechischen Philosophen, die Sokrates und Plato studiert hatten. Er zitierte ihre eigenen Glaubensgrundsätze und Literatur, um sie auf Jesus hinzuweisen (Apostelgeschichte 17,16-34).

Paulus legte vor Statthaltern und Königen Zeugnis ab. In allen Einzelheiten erzählte er, wie er sich nach einer persönlichen Begegnung mit dem auferstandenen Christus vom Christenverfolger zum wichtigsten Vertreter der Christenheit gewandelt hatte (Apostelgeschichte 21–28).

In Philipper 3,4-6 lesen wir eine kurze, aber eindrucksvolle Zusammenfassung seines Wirkens. Paulus behauptet, damals, als er noch praktizierender Jude war, ein makelloses Leben geführt zu haben. Kein Jude war eifriger und frommer als er. Den Philippern schreibt er sogar sinngemäß: „Wenn jemand das Recht hat, arrogant und stolz zu sein, dann ich. Niemand kann einen eindrucksvolleren Lebenslauf vorweisen." Paulus blickte auf einen beachtlichen geistlichen und intellektuellen Stammbaum zurück.

Warum also schrieb er dann der Gemeinde in Korinth, die mit vielen Schwierigkeiten zu kämpfen hatte, folgende Worte?

> *Liebe Brüder, als ich das erste Mal zu euch kam, habe ich euch die Botschaft Gottes nicht mit hochtrabenden Worten und großartigen Gedanken verkündet, sondern ich hatte mir vorgenommen, mich allein auf Jesus Christus und seinen Tod am Kreuz zu konzentrieren. Ich kam als schwacher Mensch zu euch, war zurückhaltend und ängstlich. Meine Botschaft und meine Predigt waren schlicht, ich gebrauchte keine klugen Worte und versuchte auch nicht, euch zu überreden, sondern die Kraft des Heiligen Geistes hat unter euch gewirkt. So verhielt ich mich,*

damit ihr auf die Kraft Gottes vertraut und nicht auf menschliche Weisheit (1. Korinther 2, 1-5).

Eine Formulierung in diesem Abschnitt ist der Schlüssel zu Paulus' Wirken und unseren Bemühungen, Talente und Begabungen in der richtigen Perspektive zu sehen. Sie löste in mir eine bestimmte Vorstellung aus: Ich musste sofort an einen Thriller denken, der eine für den Zuschauer unerwartete Wendung nimmt.

Wenn wir diesen Abschnitt aus dem Korintherbrief lesen, konzentrieren wir uns oft auf die letzten beiden Verse. Viele Jahre schon kannte ich diese Bibelstelle, ohne auf eine bestimmte Formulierung in der ersten Hälfte zu achten, die dem Ganzen eine unerwartete und lebensverändernde Wendung gibt.

Die Formulierung „Ich habe mir vorgenommen" in Vers 2 beweist, dass Paulus Folgendes verstanden hatte: Wenn wir alles aus der Hand geben, was Menschen veranlasst, bewundernd auf uns zu zeigen, stehen wir nicht mehr im Weg, und sie können Jesus entdecken.

Paulus hatte sich vorgenommen, immer geringer zu werden, damit Jesus immer größer würde, so wie Johannes der Täufer (Johannes 3,30). Ein großer Teil unseres Lebens als Christ ist Willenssache. Wir mögen Glauben haben, doch trotzdem müssen wir uns bewusst entscheiden, Gott zu gehorchen. Jakobus, der Bruder Jesu, sagte, dass sich an unseren Taten erweist, ob unser Glaube echt ist. Man kann Taten ohne Glauben vollbringen, doch andererseits gibt es keinen echten Glauben ohne Taten (Jakobus 2,26).

Paulus hatte begriffen, dass allein Gott Menschen verändern kann. Er achtete darauf, seine Begabungen und Stärken zur Ehre Gottes einzusetzen, sie ihm jedoch nicht in den Weg zu stellen. Er wusste, dass sich Menschen von Talenten angezogen fühlen, und sorgte dafür, dass Jesus im Mittelpunkt blieb, weil ihm dieser Platz zusteht.

> Ein großer Teil unseres Lebens als Christ ist Willenssache. Wir mögen Glauben haben, doch trotzdem müssen wir uns bewusst entscheiden, Gott zu gehorchen.

Gott schuf uns nach seinem Bild. Er gab uns Verstand, Willen und

Gefühle. Er schenkte uns die Freiheit, Entscheidungen zu treffen und zu wählen, ob wir ihm gehorchen wollen oder nicht. Er wünscht sich, dass wir nach ihm verlangen, dass wir ihm nachfolgen und ihm gehorchen. Er möchte keine Roboter. Er machte uns lebendig, als wir geistlich tot waren, doch nun, da wir lebendig sind, wünscht er sich von uns Loyalität, Vertrauen und Liebe. Jesus sagte: „Wer mich liebt, wird tun, was ich sage. Mein Vater wird ihn lieben, und wir werden zu ihm kommen und bei ihm wohnen. Wer mich nicht liebt, wird nicht tun, was ich sage" (Johannes 14,23-24).

Wir können die Entscheidung treffen, ihm zu gehorchen. Wir können die Entscheidung treffen, geringer zu werden, damit Christus größer werde. Wir können die Entscheidung treffen, unser sündiges Fleisch mit seinen Begierden zu kreuzigen samt unserem Verlangen, unsere Begabungen und Fähigkeiten zur Schau zu stellen, weil uns das Bewunderung, Geld und eine Karriere einbringt. Wir können die Entscheidung treffen, auf Gott zu verweisen und ihm die Ehre zu geben.

Die Entscheidung liegt in unserer Hand.

Das ist eine große Verantwortung. Wenn Paulus sagt: „Als ich zum ersten Mal zu euch kam, … gebrauchte [ich] keine klugen Worte und versuchte auch nicht, euch zu überreden" (1. Korinther 2,1.4), liegt das nicht daran, dass ihm keine klugen Worte eingefallen wären oder er nicht zu überzeugen gewusst hätte. Er war hochbegabt. Im Lauf der Jahre habe ich das immer wegerklärt, weil so etwas auch in anderen Bibelstellen anklingt. Also stellte ich Vermutungen an. „Hm, er war schwach, hatte sehr schlechte Augen, war kein guter Redner und gab insgesamt keine gute Figur ab."

In der Bibel wird so etwas angedeutet, und ich verstand diesen Text aus 1. Korinther 2 im Licht solcher Stellen. Meiner Meinung nach war Paulus eine schwache, aber immerhin ehrliche Persönlichkeit. Doch hier geht es nicht um einen schwachen Mann, der Gott in einer schwachen Stunde dankt. Vielmehr haben wir eine starke Persönlichkeit vor uns, die sich entschließt, schwach zu sein. Paulus hat die Entscheidung getroffen, gering zu werden, damit Gott größer werden kann. Er fasste den Entschluss: „Wenn ich diese Gemeinde aufsuche und einfach nur Paulus bin, hilft das niemandem. Der alte, hochmütige Saulus hatte nichts wirklich Bedeutsames anzubieten. Der neue Paulus ebenso wenig. Also will ich diesen Menschen bewusst in Schwäche begegnen und lege alles in Gottes Hände. Gott allein kann sie retten. Ich kann es nicht."

Für Paulus war Begabung ein Werkzeug Gottes mit dem Zweck, Gott zu verherrlichen. Seinem Verständnis nach konnten Begabungen in gewissem Maß gut und nützlich sein, wenn sie über sich hinauswiesen auf etwas, das noch größer war – und nichts ist größer als der Geber dieser Gaben.

DER NÄCHSTE SCHRITT

Ich bin überzeugt, dass Jesus mich in einem Gespräch unter vier Augen niemals fragen würde: „Na, Mark, womit verdienst du dir deine Brötchen?" Jesus bringt jedes Gespräch auf Themen mit Ewigkeitswert, doch nur wenig von dem, was wir hier auf der Erde als erfolgreich betrachten, fällt in diese Kategorie.

Fragen Sie sich einmal selbst, ob Sie nicht die Gleichung Ihres Lebens verkehrt herum aufgestellt haben. Die meisten von uns lassen sich von ihren Begabungen leiten, wenn es darum geht, wer wir sein und was wir tun wollen. Stattdessen sollten wir zuerst mit ganzem Herzen Gott suchen und ihn dann fragen, womit wir ihn verherrlichen können.

> Ihre Begabungen sind ein Werkzeug. Ihr Beruf, Ihre Hobbys und Erfolge sind das, was Sie tun. Ihre Identität wird dadurch bestimmt, dass Sie Gottes Kind sind.

Ihre Begabungen sind ein Werkzeug. Ihr Beruf, Ihre Hobbys und Erfolge sind das, was Sie tun. Ihre Identität wird dadurch bestimmt, dass Sie Gottes Kind sind. Das allein zählt.

In Johannes 4,23 sagt Jesus zu der Frau am Brunnen: „Aber die Zeit kommt, ja sie ist schon da, in der die wahren Anbeter den Vater im Geist und in der Wahrheit anbeten. Der Vater sucht Menschen, die ihn so anbeten."

Mir fällt keine andere Bibelstelle ein, in der Gott unter den Menschen etwas sucht. Nur hier lesen wir von einem Gott, der nichts braucht, aber etwas von uns haben möchte. Und alles, was er erbittet, ist das: Wir sollen zu ihm gehören.

Gott sucht wahre Anbeter, die ihn mit ihrem Leben anbeten. Das gefällt Gott am besten, und es hat nichts mit unseren Begabungen oder unserem Erfolg zu tun.

König David, der in einer engen Beziehung mit Gott lebte, sagte: „Erforsche mich, Gott, und erkenne mein Herz; prüfe mich und erkenne, wie ich's meine. Und sieh, ob ich auf bösem Wege bin, und leite mich auf ewigem Wege" (Psalm 139,23-24).

Im Grunde drückte David damit aus: „Gott, ich mache mir selbst etwas vor. In manchen Lebensbereichen bin ich dir ganz nah, in anderen nicht. Ich weiß, dass es dort noch Defizite gibt. Zeig mir, wo ich noch wachsen muss."

Wir können eine Menge von David lernen und genau diese Bitte im Gebet vor Gott bringen. Dafür müssen wir nicht älter, klüger oder heiliger werden oder noch mehr Bibelverse auswendig lernen. Um im Glauben zu wachsen und Gott näherzukommen – also die bewusste Entscheidung zu treffen, geringer zu werden, damit er größer werde –, müssen wir einfach den nächsten Schritt gehen, zu dem er uns auffordert.

Genau das bedeutet es, mit Jesus zu leben. Den nächsten Schritt zu gehen.

Setz dich mal hier hin und rede mit mir.

„Ja, Herr."

Schau dir mal diesen Vers an. Bitte mich, dass ich dir zeige, was dieser Vers mit deinem Leben zu tun hat, und dann setze ihn um.

„Ja, Herr."

Weißt du was? Du trägst deiner Schwester etwas nach. Diesen Groll musst du loslassen und dich mit ihr aussöhnen.

„Ja, Herr."

Das bedeutet es, an Jesus zu glauben – den nächsten Schritt zu gehen, zu dem er uns auffordert. Gott spricht zu den Menschen, die zu ihm gehören, und wenn sein Wort oder sein Heiliger Geist uns leiten, sollten wir sagen: „Gut, Gott, wie soll ich vorgehen? Ich werde das machen."

Fangen Sie klein an, seien Sie konsequent, und achten Sie darauf, wie Gott Ihren Gehorsam belohnt. Der nächste Schritt, zu dem er Sie auffordert, erfordert keine besonderen Begabungen, sondern nur, dass Ihr Herz für Jesus brennt.

> Das bedeutet es, an Jesus zu glauben – den nächsten Schritt zu gehen, zu dem er uns auffordert.

EINE ENTSCHEIDUNG

Im Lauf der Jahre habe ich zwei Dinge über Begabungen gelernt.

Erstens: Begabungen sind eine heikle Angelegenheit. Manchmal heimsen wir die Anerkennung für unsere von Gott gegebenen Talente ein und nutzen sie zu unserem Vorteil. Manchmal vernachlässigen wir sie und behandeln sie wie einen Fluch, als würde uns die Last auferlegt, einem bestimmten Maßstab gerecht zu werden. Doch wenn wir Gott mit unseren Gaben verherrlichen und darauf achten, dass ihm die Anerkennung und Ehre zuteilwird, spüren wir diese Last überhaupt nicht. Wir müssen unser Talent als Gabe Gottes akzeptieren, dürfen es jedoch nicht als unser Verdienst betrachten.

Manchmal nehmen wir an, wir seien uns aller unserer Talente bewusst. Als ich mit dem College anfing, war ich überzeugt, dass aus mir ein Musiker würde. Doch wenig später begriff ich, dass Gottes Pläne für mich mehr als Musik umfassten.

Es ist nur natürlich, dass das, was wir für unsere Begabungen halten, Anziehungskraft auf uns ausübt: „Das kann ich gut, also muss Gott mich wohl hier haben wollen." Doch was passiert, wenn Gott uns zu einer Aufgabe beruft, die wir unserer Meinung nach gar nicht meistern können? Fast hätte ich nicht als Jugendpastor gearbeitet, weil ich keine Erfahrung mit Schülern und Studenten hatte. Ich hätte es niemals für möglich gehalten, dass Gott meine musikalische Begabung in der Jugendarbeit einsetzt, doch genau das hat er getan. Die meisten meiner Lieder wurden für Jugendliche geschrieben.

Die zweite Lektion, die ich gelernt habe, ist folgende: Wenn wir aus dem Wasserloch der Begabung schöpfen und zuallererst unsere Talente im Blick haben und nicht den Zweck, dem sie dienen sollen, schauen wir mehr auf unsere eigene Leistung – den geistlichen Dienst selbst – als auf die Menschen, die Jesus brauchen.

Jesus starb nicht, damit *wir* die Verlorenen erreichen können; er starb, damit *die Verlorenen* erreicht werden können. Mit anderen Worten: Er starb nicht, damit wir uns in irgendeinem Dienst engagieren können. Unsere Aufgabe ist es, bei der Erfüllung dieses Auftrags mitzuhelfen, doch manchmal geraten wir dabei aus dem Gleichgewicht. Im Mittelpunkt steht dann „mein geistlicher Dienst" (also „mein Talent") und nicht die Menschen.

> Jesus starb nicht, damit *wir* die Verlorenen erreichen können; er starb, damit *die Verlorenen* erreicht werden können.

In Jesu Augen besteht der Sinn unseres Lebens nicht darin, dass wir an einen bestimmten Ort gehen, als Pastor arbeiten oder einen eindrucksvollen Titel haben. Der Sinn unseres Lebens besteht darin, dass wir ihn kennen und anderen helfen, ihn kennenzulernen, ihn von ganzem Herzen lieben und die Welt mit seinem Wort erreichen. Das lässt uns viel Freiheit in der Wahl des Wohnorts und unserer Tätigkeit.

Ich habe viele Künstler sagen hören: „Ich bin kein christlicher Künstler. Ich bin ein Künstler, der Christ ist." Damit wird das Pferd vom Schwanz aufgezäumt. Sie sind zuallererst Christ. Sie sind kein Anwalt, kein Lehrer, keine Krankenschwester und außerdem auch Christ. Sie sind ein christlicher Anwalt, eine christliche Lehrerin oder eine christliche Krankenschwester. Gott hat uns nicht auf diese Erde gestellt, damit wir einen Beruf ergreifen. Sein Plan für uns sieht so aus, dass wir nach dem Bild seines Sohnes gestaltet werden (Römer 8,29). Er gibt sich selbst die Ehre, indem er uns Jesus ähnlich werden lässt, und das geschieht, indem wir ihn kennenlernen und anderen von ihm erzählen.

Die Talente, Begabungen und Leidenschaften, die Gott in uns hineingelegt hat, sind nur Werkzeuge, damit wir seine Botschaft weitergeben können. Sie sind kein Selbstzweck. Sie sind nicht unser Daseinszweck.

Viele von uns machen sich schuldig, indem sie sagen: „Bete für mich und mein Engagement für Jesus. Bete dafür, dass ich gut singe; bete dafür, dass ich gut predige; bete dafür, dass es uns gelingt, hier Gemeinde zu bauen." Wir sollten lieber sagen: „Bete dafür, dass diese Frau die Wahrheit hört und mit Jesus lebt. Bete dafür, dass dieser Mann errettet wird. Bete dafür, dass sie alle Jesus erkennen." Je mehr wir uns auf unsere Talente konzentrieren und auf das, was wir zu bieten haben, umso mehr verschiebt sich unser Augenmerk auf uns selbst und unseren Dienst, obwohl wir eigentlich die Menschen im Blick haben müssten, die Jesus brauchen. Denn es sind doch diese Menschen, die unseren Dienst ausmachen. Und Gott selbst ist Sinn und Hauptzweck unseres Engagements für ihn.

Wie man mit dem Wasserloch der Begabung umgehen sollte, ist leicht zu verstehen, doch nur schwer umzusetzen. Wir müssen Paulus nachahmen und den Entschluss treffen, unsere Begabungen zur Ehre Gottes einzusetzen.

Jetzt möchte ich Sie herausfordern: Verpflichten wir uns, unserem Leben die Wendung zu geben, die Paulus vorschlägt?

Tun wir es. Indem wir eine Entscheidung treffen.

KAPITEL 8

FRÜHSTÜCKSKRINGEL
DAS WASSERLOCH DES
ANSPRUCHSDENKENS

Ich weiß, wie es sich anfühlt, wenn man jemanden adoptiert. Ich weiß, wie es sich anfühlt, wenn man jemanden lieb hat, der einen noch gar nicht kennt, dem man zunächst als Fremder begegnet ist, für den man jedoch Zukunft und Hoffnung bedeutet. Ich weiß, wie es sich anfühlt, wenn man einen großen Traum für das leibliche Kind eines andern hat, noch bevor es geboren ist. Ich weiß, wie es sich anfühlt, wenn man große Mühen und Kosten auf sich nimmt, um diese Beziehung Wirklichkeit werden zu lassen. Gott hat mich dieses Gefühl erleben lassen. Er kannte es bereits.

Bis zum Mai 2010 kannte ich nur eine Seite der Adoption. Ich war der Adoptierte. In Epheser 1,4–5 sagt Paulus, dass Gott jeden Gläubigen schon vor Grundlegung der Welt als sein Kind adoptiert hat. Er wusste, dass er uns durch das Blut Jesu mit sich versöhnen würde. „Das war sein Wille und so gefiel es ihm." Er adoptierte uns und machte uns zu Familienmitgliedern, weil er es so wollte.

In Kapitel 3 stellte ich Ihnen die kleine Meeka Hope vor, das dreijährige Mädchen aus China, das Melanie und ich adoptiert haben. Im Verlauf des Adoptionsprozesses stellte ich mir immer wieder die Frage, ob man ein Kind, das man in seine Familie aufnimmt, so lieben kann wie ein leibliches.

Oh ja.

Ja, ja, ja.

Ja, man kann.

Dreieinhalb Jahre warteten wir auf sie. Wir nahmen sie zu uns, als sie drei war; das heißt, wir versuchten sie schon vor ihrer Geburt zu adoptieren. Es war ein langer, frustrierender Prozess, der immer wieder ins Stocken geriet. Wir füllten Formulare aus und führten Gespräche. Dann ging alles wieder von vorne los. Die Verantwortlichen wollen sichergehen, dass man kein Axtmörder ist. Das ist natürlich gut, aber es dauert entsetzlich lange.

Steven Curtis Chapman und seine Frau Mary Beth haben drei Kinder aus China adoptiert. Steven war eine Art großer Bruder für mich, schon bevor ich ihn kennenlernte. Als ich noch jünger war, sprach Gott oft durch Musik zu mir, und Stevens Musik half mir auf meinem Weg als Christ. Später komponierten wir Lieder zusammen und gingen auf Tournee, und noch später adoptierte ich ein Kind aus China, weil ich so viel mit ihm zusammen gewesen war.

Steven und Mary Beth begleiteten uns durch den Adoptionsprozess, und Mary Beth kam nach China mit, um Meeka Hope abzuholen. Wir brauchten sie, weil wir uns zwei Wochen dort aufhalten mussten, um die Adoption abzuschließen.

Vor unserer Reise, als ich kurz bei ihm vorbeischaute, erklärte mir Steven noch etwas. „Manchmal sind adoptierte Kinder etwas schüchtern gegenüber Männern. Es besteht die Wahrscheinlichkeit, dass du der erste erwachsene Mann bist, dem sie begegnet, weil sie im Waisenhaus gelebt hat."

Meeka Hope war schon einmal einem Mann begegnet, ihrem Arzt. Sie hatte einige gesundheitliche Probleme und musste vor ihrem zweiten Geburtstag dreimal operiert werden. Wenn sie also einen Mann sah, trug er einen Mundschutz und hatte ein Messer in der Hand. Männer hatte sie daher nicht in guter Erinnerung, aber ich wusste einfach, dass sie mich mögen würde, wenn wir uns erst einmal kennengelernt hatten.

Als wir uns entschieden hatten, ein Kind zu adoptieren, das besondere Förderung brauchte, bekamen wir von chinesischer Seite eine E-Mail. „Hier stellen wir Ihnen zwanzig Kinder vor, die zur Adoption freigegeben sind, und sie haben folgende Behinderungen."

Melanie sah sich die Vorstellungen und Fotos durch und rief mich dann auf der Arbeit an. „Ich schicke dir gleich eine E-Mail. Guck dir bitte einfach die Bilder an."

Was sie mir nicht sagte, war, dass sie bereits ein Bild gesehen und sich gedacht hatte: „Meine Güte. *Das* ist sie." Ich öffnete die E-Mail mit einer Mischung aus Vorfreude und Angst. Drei Jahre lief der Adoptionsprozess nun schon, und wir hatten noch nicht ein einziges Foto gesehen. Als ich mir die Gesichter der Kinder anschaute, wurde mir bewusst, wie ernst ihre Lage war. *Das sind alles Kinder, die keine Familie haben.*

Ich bekam einen Kloß im Hals. Ich blätterte die erste Seite durch, dann noch einige. Und dann sah ich sie. Meine Augen blieben an diesem kleinen Gesicht hängen. Ich rief Melanie an. „Das ist sie, oder?"

„Ja, das ist sie."

Wir hatten dasselbe Kind ausgesucht. Dann lasen wir uns die Liste mit ihren Behinderungen durch.

„Puh, sie hat eine Menge Probleme, aber trotzdem: Sie ist es", sagte ich. „Komm, wir wollen sie nach Hause holen. Ich packe sofort die Koffer."

Wir reisten nach China, und schließlich brach der Tag an, an dem wir unser kleines Mädchen abholen sollten. Es fühlte sich genauso besonders an wie die Geburt unserer leiblichen Kinder. Als wir uns zum ersten Mal sahen, bemerkte ich sofort den Winnie-Puuh-Plüschbären, den wir ihr geschenkt hatten. Ich erinnerte mich an Stevens Ratschlag und bereitete mich innerlich darauf vor, dass sie mich zunächst ablehnen würde. Jedenfalls versuchte ich das. Ein bisschen. Immer noch bildete ich mir ein, dass sie sich bald für den netten alten Mark erwärmen würde.

Sie kam um die Ecke und fing an zu weinen.

Ich versuchte mich in ihre kleine Welt zu versetzen. Ihr ganzes Leben hatte sich in einem Haus mit Hunderten von anderen Kindern und den Erzieherinnen abgespielt, und jetzt betrat sie einen Raum voller Amerikaner, die sie noch nie gesehen hatte.

Sie weinte und weinte, doch ich wahrte Distanz. Auf den Fotos, die wir an diesem Tag machten, halte ich mich unauffällig im Hintergrund.

Melanie nahm sie auf den Arm, und Meeka Hope weinte noch ungefähr fünfzehn Sekunden. Dann beruhigte sie sich, und sie und Melanie fanden in wenigen Augenblicken zueinander. Irgendwie muss sie sich gesagt haben: *Jetzt existieren nur noch wir beide in meiner Welt. Mama ist da.*

Ich blieb im Hintergrund stehen und lächelte breit. Ich wusste, meine Zeit würde kommen.

EINE SCHNELLE MAHLZEIT

Einige Monate bevor Jesus am Laubhüttenfest teilnahm und verkündete, dass aus dem Innern jedes Menschen, der an ihn glaubt, Ströme lebendigen Wasser fließen würden, ging er im buchstäblichen Sinn auf diesem Element.

In Johannes 6 wird von aufsehenerregenden Wundern an mehreren aufeinanderfolgenden Tagen berichtet. Jesus gibt fünftausend erwachsenen Männern zu essen – schätzungsweise waren insgesamt zwanzigtausend Menschen dabei –, indem er fünf Brote und zwei Fische auf wunderbare Weise vermehrt. Als die Nacht hereinbricht, klettern die Jünger in ein Boot und fahren über den See Genezareth nach Kapernaum. Jesus bleibt zurück, ruht sich aus und betet ganz allein auf einem nahe gelegenen Berg. Die Menschen sehen, wie die Jünger ins Boot steigen, und gehen nach Hause. Sie wissen, dass Jesus nicht mit im Boot sitzt.

Der Wind frischt auf, während die Jünger am Ruder sitzen, und schließlich bricht ein Sturm los. Es gießt wie aus Kübeln, die Böen fegen über das Boot, und auf einmal bemerken die Jünger einen Mann, der auf den Wellen läuft.

Die meisten Bibelübersetzungen geben die Worte Jesu an die erschrockenen Jünger nur in einer abgemilderten Fassung wieder. Meistens liest man so etwas wie: „Ich bin es; habt keine Angst." Die wörtliche Übersetzung lautet so: „Ich Bin. Fürchtet euch nicht." Er steht auf den schäumenden Wogen und sagt: „Ich bin es, der zu Mose aus dem brennenden Dornbusch sprach. Ich bin es, der das Schilfmeer teilte. Ich bin es, der aus dem Nichts das Wasser schuf, auf dem ich jetzt gehe. Also ganz ruhig."

Als die Sonne am Morgen aufgeht, knurrt den Menschen am anderen Ufer der Magen. Sie schauen sich um und können Jesus nirgendwo entdecken. Die Jünger sind ohne ihn gegangen, das wissen sie, und daher nehmen sie an, dass Jesus im Verlauf der Nacht irgendwann in einem eigenen Boot weggefahren ist. Die Menschenmenge macht sich auf die Suche.

„Als sie dort ankamen und ihn fanden, fragten sie: ‚Rabbi, wie bist du hierhergekommen?'" (Johannes 6,25).

„Ich bin zu Fuß gegangen."

In Wirklichkeit sagt er etwas anderes. Er reagiert so wie gegenüber Nikodemus und der Frau am Brunnen. Er ignoriert ihre Frage, blickt ihnen ins Herz und setzt sich mit der eigentlichen Frage auseinander.

Jesus erwiderte: „Ich sage euch: Ihr wollt bei mir sein, weil ich euch satt gemacht habe, und nicht weil ihr das Wunder gesehen habt. Ihr solltet euch um vergängliche Dinge wie Nahrung nicht solche Sorgen machen. Sucht stattdessen, was euch in das ewige Leben führt, das der Menschensohn euch schenken kann. Denn dazu hat Gott, der Vater, ihn gesandt" (Johannes 6,26-27).

Er, von dem der Vater gesagt hat: „Das ist mein lieber Sohn", blickt auf die erbarmungswürdige Menschenmenge und erklärt, dass sie in das Gesicht des Ewigen blicken und dabei doch nur Zeitliches im Sinn haben. Die Frau am Brunnen wollte auf bequeme Art und Weise zu Wasser kommen. Diese Menschen hier wollen auf bequeme Art und Weise etwas zu essen bekommen. Jesus sagt ihnen, dass sie sich aus einem Wasserloch bedienen, dem Wasserloch des Anspruchsdenkens.

> Diese Menschen wollen auf bequeme Art und Weise etwas zu essen bekommen. Jesus sagt ihnen, dass sie sich aus einem Wasserloch bedienen, dem Wasserloch des Anspruchsdenkens.

„Ihr seid hier", meint Jesus, „weil ihr erwartet, etwas von mir zu bekommen."

STILLE

Das erste Mal, dass Meeka Hope so etwas wie Bindung zu mir empfand, hatte mit einem Cheerio-Frühstückskringel zu tun. Für Babys und Kleinkinder sind Cheerios so etwas wie Schwarzmarktzigaretten.

Sie gelten als Währung. Man kann ein Kind mit einem Cheerio beste-chen. Sie kommen auf dich zu und starren nur auf den kleinen Kringel in deiner Hand. Das funktioniert überall, und daher wusste ich, dass es auch in China funktionieren würde.

Während wir die letzten Dokumente unterzeichneten, hielt Me-lanie Meeka Hope im Arm, als ich mit einem Cheerio auf sie zukam. Erst senkte sie den Blick, dann schaute sie wieder auf und sah sich den großen Mann mit den Haaren im Gesicht genauer an. Sie klammerte sich an Melanie fest, und ihr Blick sprach Bände: „Also, ich weiß nicht so recht." Ich hielt ihr den Cheerio hin. Sie sah erst ihn an, dann mich, dann wieder den Cheerio, und schließlich griff sie danach und nahm sich ihn.

Und sie hielt ihn fest.

Mit ihrem winzigen Daumen und Zeigefinger hielt sie ihren Chee-rio fest, bis ich glaubte, er würde gleich zerkrümeln. Sie wollte ihn ein-fach nicht essen. Sie hielt ihn einfach eine Weile lang fest und wusste nicht, ob sie der Sache trauen konnte. So weit kamen wir am ersten Tag.

Am nächsten Morgen schöpfte ich neue Hoffnung.

Unsere drei leiblichen Kinder, John Michael, Reagan und Zoe, wa-ren mit uns mitgekommen. Wenn Meeka Hope sah, wie vertraut sie mit mir umgingen, so dachte ich mir, würde sie begreifen, dass sie mir ver-trauen konnte. Ich ging von hinten auf sie zu und hob sie hoch.

Großer Fehler.

Meeka Hope und unsere anderen Kinder spielten gerade mit Bau-klötzen, als ich sie packte. Als sie begriff, wer sie da gerade hochgeho-ben hatte, atmete sie mindestens zehn Sekunden ein und ließ dann ei-nen Schrei aus ihrem tiefsten Innern los. Es klang wie eine Sirene. Mein Kopf zuckte zurück, als wäre ich in einem Windkanal. Ich glaube, ich konnte sogar ihre Mandeln sehen.

Ich setzte sie so schnell ab, wie ich sie hochgehoben hatte. Mama griff ein, nahm sie hoch, und dann herrschte Stille. Nicht nur Stille, sondern augenblickliche Stille.

Ich blickte Melanie an und blinzelte. „Oh Mann", meinte ich. „Du hältst dich wohl für etwas Besonderes."

Ich zog mich zurück, gab aber nicht auf. Den Rest des Tages versuchte ich, den entscheidenden Durchbruch zu schaffen. Meeka Hope spielte mit den Kindern, und immer wieder versuchte ich, ihr so nah zu kommen, dass ich sie berühren konnte, doch sobald ich mich ihr auf ein oder zwei Meter näherte, fing sie wieder an zu weinen. Ich zog mich dann zurück, bevor die Situation eskalierte. Nach zwei Tagen hatte ich immer noch keinen Erfolg gehabt, doch davon ließ ich mich nicht entmutigen.

Tag drei brach an. Raten Sie mal, was sie immer noch von mir nahm. Cheerios. Sie griff nach jedem Cheerio, den ich ihr anbot, doch wenn ich mit ihr mit Bauklötzen spielen wollte, fing sie leise an zu weinen. Immer wieder sagte ich mir, dass ich mich zurückhalten sollte, doch es gelang mir einfach nicht.

Nach einer Weile lagen meine Nerven blank.

„Gut, ich weiß, dass ich mich davon nicht beleidigt fühlen sollte", meinte ich mit einem aufgesetzten Lachen zu Melanie, „aber irgendwann muss das ja mal funktionieren."

„Das wird es auch", entgegnete Melanie. „Sie wird Vertrauen zu dir fassen."

„Du hast gut reden. Dich mag sie gerne."

Ich versuchte, den „Hey, ich bin ein cooler geistlicher Leiter" zu geben, alles von mir abzuschütteln und stark zu sein. Tagelang konnte ich nur mit einem Cheerio in der Hand auf Meeka Hope zugehen – sonst klappte es nicht. Ich durfte sie nicht einmal an der Hand halten. Wir besuchten ein Museum, und die ganze Zeit hielt sie ihre Mama an der Hand. Wenn ich meine Hand ausstreckte, zog sie ihre Hand zurück, wandte sich von mir ab und kuschelte sich an Melanie.

Autsch. Das tat sogar noch mehr weh.

Nach sechs Tagen wollte Meeka Hope noch immer nichts mit mir zu tun haben. Wenn sie aus irgendeinem Grund lächelte und ich zurücklächelte, zog sie die Augenbrauen hoch und wandte sich ab.

Wir gingen in den Zoo, einen tollen Zoo mit vielen großen Tieren. Meeka Hope schien sich jetzt in unserer Familie noch wohler zu fühlen. Ich versuchte, ihre Hand zu nehmen. Fehlanzeige. Später wäre sie auf einer Treppe fast gestolpert, doch als ich ihr zu helfen versuchte, fing sie wieder an zu schreien und blickte mich an, als sei ich ein Monster. Lieber wollte sie sich die Knie aufschlagen.

Vor den Großen Pandas hatte sie keine Angst. Die Löwen schüchterten sie nicht ein. Doch wenn sie mich sah, brüllte sie wie am Spieß.

Ich geriet ein wenig aus der Fassung und blickte hinüber zu Melanie. „Ich nehme sie einfach mal auf den Arm", meinte ich, „und dann lasse ich sie schreien, bis sie sich wieder beruhigt."

„Na gut", erwidert Melanie, und dann wandte sie sich um und verdrehte die Augen.

Als wir uns einen Tiger oder Leoparden ansahen – irgend so eine große Katze eben –, versuchte ich Meeka Hopes Aufmerksamkeit auf das Tier zu lenken.

„Hey, schau dir mal dieses große Kätzchen an", sagte ich.

Und mit einem Schwung nahm ich sie hoch. Vielleicht würde sie sich angesichts dieser Raubtiere in meinen Armen sicher fühlen.

„Guck mal, guck mal. Siehst du das Kätzchen?"

Sie fing wieder an, tief einzuatmen. Das mag fünfzehn Sekunden gedauert haben. Und dann brach der Schrei los, der allen signalisierte: „Dieser Kerl will mich umbringen." Ich hatte den Eindruck, dass alle in China den großen Amerikaner mit gerunzelter Stirn anblickten, weil ich dieses zartgliedrige chinesische Kind gepackt hatte. Ich verstand, was ihre Mienen sagten: *Sie gehört wohl kaum zu ihm.*

Ich fing laut an zu summen, wiegte sie in meinem Arm und versuchte sie zu beruhigen. Diese Sache wollte ich bis zum Ende durchziehen.

Ich spazierte mit ihr auf und ab, während sie immer weiterbrüllte. Sie machte sich steif, bog ihren Rücken durch und streckte ihre Hände nach Melanie aus. Nun fing es auch noch an zu regnen. Schon seit einigen Monaten schob ich eine Rückenoperation vor mir her. Als sich Meeka Hope in meinen Armen wand, flammten die Schmerzen wieder auf. Ich biss die Zähne zusammen.

„Nein. Ich gebe nicht auf."

Sie weinte eine halbe Stunde – und das ist eine lange Zeit, wenn man ein brüllendes Kind im Arm hält, vor allen Dingen in einem fremden Land. Inzwischen regnete es so heftig, dass wir den Zoo verlassen mussten. Also gingen wir zu unserem Kleinbus zurück, und ich reichte Melanie das Kind. Sobald sie auf Melanies Schoß saß, hörte sie auf zu weinen. Ich fühlte mich wie betäubt und ließ mich auf den Sitz fallen.

Das kann doch wohl nicht wahr sein.

In dieser Nacht konnte ich nicht einschlafen. Unter Tränen schüttete ich Gott mein Herz aus.

„Gott, du musst mir helfen, das zu verstehen. Dreieinhalb Jahre haben wir auf Meeka Hope gewartet. Wir haben diese ganzen Formulare ausgefüllt und unzählige Gespräche geführt. Ein Jahr haben wir gewartet. Die Formulare verloren ihre Gültigkeit, mit den Gesprächen mussten wir noch einmal ganz von vorn anfangen. Wir mussten wieder zur Polizei. Wir mussten uns noch einem Drogentest unterziehen. Wir mussten erneut alle Gespräche führen. Wir mussten noch einmal nach Atlanta fahren und ganz von vorn anfangen. Dann haben wir wieder ein Jahr gewartet. Keine E-Mails. Nichts.

Dann verging ein weiteres Jahr. Noch ein drittes Mal sind wir zur Polizei gegangen, machten den Drogentest, führten die Gespräche, immer wieder das Gleiche. Ich will gar nicht damit anfangen, wie viel das alles gekostet hat. Von Anfang an haben wir uns hundertprozentig eingesetzt. Wir haben vielen Menschen von unseren Plänen erzählt und andere ermutigt, selbst ein Kind zu adoptieren. Wir sind um die halbe Welt gefahren, um sie abzuholen. Wir haben so viel für sie getan und sind so weit gereist, und jetzt lässt sie gerade einmal zu, dass ich ihr Cheerios gebe. Ich darf nicht einmal ihre Hand halten. Sie schlägt sich lieber die Knie auf, als von mir Hilfe anzunehmen. Ich darf sie nicht in den Arm nehmen, aber wenn ich ihr etwas geben will, ist das für sie in Ordnung.

Herr, was ist denn da bloß los?"

In diesem Augenblick, als ich mir gerade eine Träne aus dem Auge wischte, war es mir, als würde Gott leise lächeln.

Wie fühlt es sich an?

Mir verschlug es die Sprache.

Wie fühlt es sich an, Mark?

Gott zeigte mir die vielen Male, als ich ihn nur angerufen hatte, weil ich et-was brauchte. Ich hatte ihn wegen so vieler Sachen angebettelt. Doch die ganze Zeit hatte ich nicht begriffen, dass Gott nur eines wollte: mich in den Armen halten. Das Einzige, was er sich wünscht, ist, dass ich ihm gehöre. Nun lag ich hier in Nanjing im Bett und weinte, während Jesus mir zeigte, was ich ihm angetan hatte.

> Doch die ganze Zeit hatte ich nicht begriffen, dass Gott nur eines wollte: mich in den Armen halten.

Herr, das tut mir so leid. Vergib mir bitte.

Am nächsten Morgen stand ich auf, von einem ganz neuen Frieden erfüllt. Der Himmel heiterte auf. Ein sanfter Wind wehte. Die Vögel zwitscherten. Und als ich auf Meeka Hope zuging, um sie auf den Arm zu nehmen, brüllte sie wie am Spieß.

Am nächsten Tag wieder.

Und am Tag darauf.

Und am nächsten Tag. Noch sechs Tage lang.

Sie wollte nichts mit mir zu tun haben. Sie gab mir nicht die Hand. Sie ließ nicht zu, dass ich sie auf den Arm nahm. Ich durfte nichts für sie tun, abgesehen davon, ihr Cheerios zu geben. Auch wenn Meeka Hopes Verhalten absolut verständlich war, zeigte mir Gott während der zweiten Hälfte unserer Reise, was ich in Zukunft nicht mehr tun sollte: „Das tun mir meine Kinder an. Sie kommen zu mir, um sich den Bauch füllen zu lassen, aber sie kommen nicht zu *mir*."

Sein Eigentum

Niemals habe ich eine gründlichere Lektion über mein Anspruchsdenken gelernt als in China. Wie schuldig machen wir Christen uns, wenn wir Gott als Butler betrachten! Wir sollten uns dieser Anmaßung, dieser Gier, dieser Wollust schämen. Und doch ist seine Gnade so groß, dass sie unsere Fehler zudeckt.

Wer aus dem Wasserloch des Anspruchsdenkens schöpft, betrachtet

Jesus nicht als Herrn seines Lebens, sondern als Mittel, sein Leben zu verbessern. Dass die Gemeinde Jesu heute so entmutigt ist, lässt sich zum großen Teil auf dieses Wasserloch zurückführen. Wir bedienen uns daraus, wenn wir unseren Willen durchsetzen wollen; und wenn unsere kleinen, verfetteten, westlichen Herzen wieder einmal nicht zufrieden sind, fangen wir an zu schmollen und zeigen Gott die kalte Schulter. Wir ignorieren ihn und suchen nach einer anderen Möglichkeit, das zu bekommen, was wir wollen.

Einmal hörte ich einen bekannten Fernsehevangelisten sagen: „Der Heilige Geist ist auf der Erde, um den Menschen das Leben behaglich zu machen." Grundlage dieser falschen Behauptung war Johannes 14, wo Jesus seinen Jüngern verheißt, dass er sie nicht allein zurücklassen wird, sondern ihnen „den Tröster" senden wird – ein anderes Wort für den Heiligen Geist –, der in ihnen wohnt.

Es besteht ein großer Unterschied zwischen dem wirklichen Trost Gottes in schwierigen Situationen und der irrigen Auffassung, dass er es uns behaglich machen will. Wie sieht es denn aus, wenn wir den Widrigkeiten des Lebens ausgesetzt sind? Wenn ein geliebter Mensch ernsthaft erkrankt? Wenn eine Ehe auseinandergeht? Warum hat er nicht dafür gesorgt, dass wir es warm und bequem haben?

> Gott geht es nicht darum, dass ich es behaglich habe. Ihm ist nicht daran gelegen, aus meinem Leben ein Wellnessparadies zu machen.

Gott geht es nicht darum, dass ich es behaglich habe. Wird er mich trösten, wenn ich Kummer und Sorge empfinde? Ganz gewiss. Der Heilige Geist ist wirklich der *parakletos*, der Tröster. Doch Gott ist manchmal vielmehr daran interessiert, dass ich aus meiner Behaglichkeit gerissen werde. Ihm ist nicht daran gelegen, aus meinem Leben ein Wellnessparadies zu machen.

Wir müssen unbedingt begreifen, dass es in diesem Leben nicht um uns geht. Es geht um Jesus. Die Bibel handelt nicht von mir. Sie handelt von ihm. Es ist Gottes Geschichte, nicht meine. Wir existieren, weil Gott in seiner Schöpfung tun kann, was er will, und dass ich überhaupt Luft einatmen kann, verdanke ich seiner Gnade. Wer behauptet, die

Rolle des Heiligen Geistes bestünde darin, das Leben der Christen behaglich zu gestalten, lehrt Egologie und nicht Theologie.

Als Christen können wir kaum etwas Wichtigeres tun, als uns die Aussagen der Bibel zu vergegenwärtigen, die sich damit beschäftigen, wie wir Gott kennenlernen und nachfolgen. Eine davon finden wir in 1. Korinther 1,27-29:

> *Gott hat das auserwählt, was in den Augen der Welt gering ist, um so diejenigen zu beschämen, die sich selbst für weise halten. Er hat das Schwache erwählt, um das Starke zu erniedrigen. Er hat das erwählt, was von der Welt verachtet und gering geschätzt wird, und es eingesetzt, um das zunichtezumachen, was in der Welt wichtig ist, damit kein Mensch sich je vor Gott rühmen kann.*

Verstehen wir, worauf wir uns eingelassen haben, als wir Gott baten, uns unsere Sünden zu vergeben und uns zu erretten? Verstehen wir, welchen Platz Gott in unserem Leben einnimmt? Verstehen wir, dass wir nicht errettet wurden, damit das Leben einfacher wird? Verstehen wir, dass Christus einen hohen Preis für uns bezahlt hat und dass wir ihm gehören? Wir gehören nicht uns selbst, und wer sich nicht selbst gehört, hat auch keine Rechte. Auf dieser Erde haben wir keinen Anspruch auf irgendetwas, abgesehen von der Hoffnung auf die zukünftige Herrlichkeit.

Das Leben ist hart. Immer wieder müssen wir uns mit Schwierigkeiten auseinandersetzen. Wir wurden nicht errettet, damit das Leben einfacher wird, denn das wird es nicht. Lesen wir den Rest des Neuen Testaments. Die ersten Christen wurden geschlagen oder getötet, sie mussten in Höhlen Zuflucht suchen, und doch war die Welt ihrer nicht würdig.

Waren sie deshalb kleingläubig? Wurden sie gefoltert und umgebracht, weil ihr Glaube so schwach war? Wird ihr Märtyrertod, bei dem sie bis zum Ende treu blieben, im Wort Gottes deshalb erwähnt, weil der Heilige Geist in ihnen wohnte, um ihnen das Leben bequem zu machen, sie jedoch starben, weil ihr Glaube so oberflächlich war?

Paulus hatte einen „Stachel im Fleisch". Immer wieder flehte er Gott an, ihn davon zu befreien. Wenn jemand zu beten wusste, dann Paulus. Gott aber nahm ihm diesen Stachel nicht. Vielmehr sagte er: „Meine Gnade ist alles, was du brauchst. Meine Kraft zeigt sich in deiner Schwäche" (2. Korinther 12,9). Entweder hatte Paulus nur einen schwachen Glauben, oder aber er wusste genau, worauf er sich eingelassen hatte. In Römer 8,28 sagt er: „Wir wissen, dass für die, die Gott lieben und nach seinem Willen zu ihm gehören, alles zum Guten führt."

Warum sollte er so etwas schreiben? Weil nicht alles, was geschieht, zunächst gut ist, wenn Gott es noch zum Guten führen muss.

Manche dieser Verse, die man heranzieht, um die Vorstellung zu stützen, dass Gott uns das Leben angenehm machen möchte, *wurden aus dem Gefängnis geschrieben* – von einem Mann, der bald für seinen Glauben geköpft werden sollte.

Jesus ertrug seinen Leidensweg nicht, damit wir niemals unsere Stelle verlieren oder an Krebs erkranken würden. Wir werden nicht errettet, damit wir glücklich sind. Wir müssen errettet werden, weil wir in unseren Sünden tot sind und geradewegs auf die Hölle zusteuern. Auch Christen kennen Tage, an denen sie vom Leben durchgeschüttelt werden. Doch wir haben auch einen Anker der Seele: die Gewissheit, dass Jesus mit uns geht.

> Jesus ertrug seinen Leidensweg nicht, damit wir niemals unsere Stelle verlieren oder an Krebs erkranken würden. Wir werden nicht errettet, damit wir glücklich sind.

Egologie bedeutet, dass ich mich mit einem kleinen Jesus zufriedengebe und ihn als Mittel betrachte, das mein Leben verschönert. Die biblische Sichtweise dagegen wäre, ihn als den zu sehen, der er ist, ungeachtet der Schwierigkeiten, die mich noch erwarten. Ich bediene mich nicht aus dem Wasserloch des Anspruchsdenkens und behaupte, irgendetwas zu verdienen, wenn ich mir die von Nägeln durchbohrten Hände meines Erretters anschaue und begreife, dass ich in Wirklichkeit nur eines verdiene: den Zorn Gottes, der sich nun gegen Jesus richtet statt gegen mich.

Ich weiß nicht, wie und wo uns diese Botschaft abhandengekommen ist, aber wir brauchen Jesus, weil wir ohne ihn verloren sind.

Wir alle haben gesündigt und werden seinem Maßstab nicht gerecht. Darum brauchen wir ihn. Wenn er mir vergibt und in mein Leben tritt, geht er mit mir und schenkt mir Frieden und Hoffnung – es liegt eine gewisse Ironie darin, dass er mir auch *Trost* schenkt –, doch trotzdem werde ich noch mit Schwierigkeiten zu kämpfen haben. Manchmal sind die Schwierigkeiten sogar größer, *weil* ich Jesus vertraue.

BÖSE KATZE

Als Jesus das Wort an die Menschenmenge richtet, die ihm nach der Speisung der Fünftausend um den See herum gefolgt ist, sagt er ihnen, dass sie sich nicht um die irdische, vergängliche Nahrung bemühen sollen, sondern um die Nahrung, die zum ewigen Leben führt. Sie fragen nach: „Was sollen wir denn nach dem Willen Gottes tun?" (Johannes 6,28). Wie die Frau am Brunnen versuchen sie ihn in ein religiöses Gespräch zu verwickeln.

Jesus antwortet ihnen: „Was ihr tun könnt? Das ist der Wille Gottes: Glaubt dem, den er gesandt hat."

Nun erinnern sie Jesus daran, dass ihre Vorfahren in der Wüste dreißig Jahre lang Gratis-Manna gegessen haben. Sie fordern ein weiteres Zeichen: „Wie kannst du uns beweisen, dass du wirklich der bist, für den du dich ausgibst?"

Jesus antwortet: „Ich versichere euch: Nicht Mose hat euch das Brot vom Himmel gegeben, sondern mein Vater gibt euch das wahre Brot vom Himmel. Das Brot, das Gott gibt, ist der, der vom Himmel herabkommt und der Welt das Leben gibt" (Johannes 6,32-33).

Das Brot, das Gott gibt, ist der, der vom Himmel herabkommt. Die Menschen verstehen ihn immer noch nicht und bitten um mehr Brot von der Sorte, das er ihnen am Tag zuvor gegeben hat. Ihre Mägen knurren immer lauter. Jesus verkündet ihnen: „Ich bin das Brot des Lebens. Wer zu mir kommt, wird nie wieder hungern. Wer an mich glaubt, wird nie wieder Durst haben" (Johannes 6,35).

Er ist das wahre Brot. Er ist das lebendige Wasser. Er ist alles in allem.

Wir wenden uns an Gott und sagen: „Gott, ich brauche Heilung."

Und Gott antwortet: „Verstehst du nicht, dass ich der Heiler bin?"

„Gott, ich brauche Rettung."

Jesus antwortet: „*Ich bin* der Retter."

Nur allzu oft wünschen wir uns etwas von Gott. Wir wollen Schutz. Wir wollen, dass er uns versorgt. Wir möchten von ihm verteidigt werden, wenn man unsere Ehre befleckt. Wir wollen seine Unterstützung, wenn wir anderen dienen. Wir möchten alles, womit Gott aufwarten kann, aber wollen wir auch wirklich ihn selbst?

Gott brachte mir in China dieselbe Lektion bei, die die Menschenmenge damals bei ihm lernte.

Bist du meinetwegen hier oder weil hier eine aufregende Atmosphäre herrscht? Bist du meinetwegen hier, oder bist du nur gekommen, weil du dich besser fühlst, wenn du am Freitagabend eine Gemeindeveranstaltung besuchst? Bist du hier, um mich kennenzulernen, oder jagst du irgendwelchen anderen Segnungen hinterher? Brot ist nur etwas Materielles, genau wie Brunnenwasser. Das alles vergeht. Es nimmt seinen Weg durch den Körper und wird wieder ausgeschieden. Doch ich bin das Brot, das dich in Ewigkeit satt macht.

> Wir möchten alles, womit Gott aufwarten kann, aber wollen wir auch wirklich ihn selbst?

•°•°•

Nach zwei langen Wochen in China kehrten wir eines Sonntagmorgens wieder nach Hause zurück. Meeka Hope wollte immer noch nichts mit mir zu tun haben, doch mich begeisterte die Aussicht, sie in unsere Gemeinde mitzunehmen. Wir betraten unser Haus, und sie sah die Katzen. Meeka Hope ist kein Katzenfan. Ich lächelte. Vielleicht konnten wir die Tiere jetzt endlich loswerden.

Die Katzen störten sie gewaltig, und deshalb mussten wir sie von ihr fernhalten. All das lernten wir in der ersten halben Stunde. Etwas später verließ Melanie das Zimmer, in dem Meeka Hope spielte. Ich kam herein, sah Meeka Hope allein dort sitzen und machte auf dem Absatz kehrt, bevor sie mich entdeckte und wieder zu weinen anfing. Das hatte ich mir mittlerweile schon angewöhnt.

Ich wollte das Zimmer gerade verlassen, als die Katze hereinschlich. Jetzt hatten wir ein Problem.

Als Meeka Hope die Katze entdeckte, wusste ich, dass dieses arme Fellknäuel noch nie so einen Wutausbruch erlebt hatte. Meeka Hope stimmte ihren langsamen, immer lauter werdenden Klagelaut an. „Aaaaaaaaaaah."

In meiner Panik vergaß ich alles. Ich vergaß meinen Plan, das Zimmer zu verlassen und auf Distanz zu gehen. Ich vergaß, dass ich sie nicht auf den Arm nehmen sollte. Als sich die Angst auf ihrem Gesicht ausbreitete, rannte ich zu ihr hin und nahm sie hoch, damit sie sich nicht mehr in Reichweite der Katze befand. Denn wenn sie auf dem Fußboden in Panik geriet, könnte die Katze das auch tun, und man weiß nie, womit man bei Katzen rechnen muss. Sie gleichen Dämonen, und ich bin ziemlich sicher, dass das irgendwo auch so in der Bibel steht. Eine Katze kann dich im Handumdrehen angreifen.

Ich packte Meeka Hope, gerade als sie richtig zu schreien anfangen wollte. Sie schaute die Katze an und atmete tief ein. Dann sah sie mich an und hielt einen Augenblick inne. Sie holte wieder Luft. Dann blickte sie die Katze an, hielt noch einmal inne und holte wieder Luft. Ich konnte mir vorstellen, was ihr durch den Kopf ging: *„Katze, böse. Haariger Mann, böse. Katze, böse. Haariger Mann, böse."*

Ich sah, wie sie mit sich kämpfte. Sie fühlte sich innerlich zerrissen. Ich nahm sie fest in den Arm und hielt den Atem an. Sie begann zu schreien – und dann hörte sie plötzlich auf. Und in diesem Moment flaute der Sturm ab, die Wolken lichteten sich, und alles wurde gut.

Meeka Hope hatte sich entschieden, dass Papa besser war als die Katze.

Sie klammerte sich an mich und wandte ihr Gesicht von der Katze ab. Ich unterdrückte ein Lächeln, legte meinen Arm um sie, streckte die Brust heraus und deutete auf das verwirrte Kätzchen. „Böse Katze!

Böse!", sagte ich. Meeka Hope sollte auf jeden Fall verstehen, dass ihr Papa sie beschützte.

Sie entspannte sich immer mehr, während ich in der nächsten Dreiviertelstunde mit ihr durchs Haus ging. Ein paar Mal brachte ich sie sogar zum Lächeln. Weil ich im Gottesdienst eine Aufgabe übernommen hatte, musste ich mich jedoch allmählich auf den Weg machen, und ich seufzte, als ich sie Melanie reichte. Und dann geschah es.

Als ich von ihr wegging, begann Meeka Hope zu weinen.

Jaaaaa!

> Eine tägliche Dosis Dankbarkeit und Demut kann das Loch des Anspruchsdenkens zuschütten und trockenlegen.

Jedes Mal, wenn ich Meeka Hope anschaue, erinnert sie mich an diese entscheidende Lektion: „Mark, wendest du dich nur an Gott, um Cheerios zu bekommen? Wirklich? Mehr bedeutet Gott dir nicht? Ist er nur dazu da, dass du dich besser fühlst und jemanden hast, der dir hilft, deine Probleme zu lösen? Oder ist an Gott noch viel mehr dran als deine unbedeutende Jagd auf die Cheerios?"

Eine tägliche Dosis Dankbarkeit und Demut kann das Loch des Anspruchsdenkens zuschütten und trockenlegen. Christen haben keine Rechte. Jesus allein hat Anspruch auf unser Leben. Wir sollen ihm dienen, ihm vertrauen und ihm sagen: „Dein Wille geschehe."

Jesus verbessert nicht unser Leben. Er ist das Leben selbst. Wenn er sich entschließt, uns den Cheerio zu geben, nun gut. Doch wenn er das nicht tut, können wir darauf vertrauen, dass es für das Reich Gottes so am besten ist, und er wird darauf achten, dass es auch für uns am besten ist. Denn so handelt ein guter Papa.

KAPITEL 9

DIE WASSERLÖCHER
MIT DEM HEILIGEN GEIST
ZUSCHÜTTEN

Ich mag den 31. Oktober, und zwar aus einem bestimmten Grund. Was kommt an diesem Tag im Fernsehen?

Horrorfilme.

Vor einigen Jahren waren wir über Halloween mit den Casting Crowns im kanadischen Winnipeg. Wir hatten ein bisschen freie Zeit und konnten uns in unserem Hotelzimmer entspannen. Ich schaltete den Fernseher ein. Und da kam er: *Halloween,* der Horrorschinken von John Carpenter.

Als ich diesen Film zum ersten Mal sah, gruselte ich mich entsetzlich. Er tat weh, versteinerte mich, brachte meine Gehirnchemie völlig durcheinander. Er hing bedrohlich über mir wie eine gefährliche Seuche.

Also sah ich ihn mir noch einmal an.

Schrecklich, oder? Ich sollte ihn wirklich nicht …

Ich starre auf den Bildschirm.

Ich kann das einfach nicht mit ansehen …

Ich starre weiter.

In Winnipeg schaute ich mir einige Minuten des Films an, und er erinnerte mich an etwas, das mich an diesen Filmen immer stört. Haben Sie schon einmal bemerkt, dass die Figuren in einem Horrorfilm die dümmsten Menschen auf diesem Planeten sind?

Hier nun ein typisches Horrorfilm-Szenario: Ein Mädchen im Teenageralter fährt nachts nach Hause. Sie schaltet das Radio ein. Der Nachrichtensprecher berichtet, dass ein Mörder aus der Irrenanstalt ausgebrochen ist. Er hält sich mit einem Eispickel in der Umgebung auf. *Geben Sie bitte acht.* Sie erinnert sich, dass ihre Eltern gerade weggefahren sind. Es ist stockdunkel, doch sie murmelt vor sich hin: „Ich sollte trotzdem nach Hause fahren."

Sie betritt das Haus, will das Licht einschalten und merkt, dass der Strom ausgefallen ist. In diesem Moment wüssten die meisten von uns, was nun zu tun ist. Wir würden auf keinen Fall weitergehen. Aber nein, die junge Frau in dem Film seufzt und sagt sich: „Ach, ich bin sechzehn, ich bin Cheerleader, ich sollte mal im Sicherungskasten im Keller nachsehen und gegebenenfalls neue Leitungen legen." Denn das ist doch naheliegend. Sie macht das schließlich immer so.

Einige Minuten später finden wir heraus, wer sich noch im Keller aufhält – der Verrückte mit dem Eispickel. Er schlägt zu, verfehlt sie jedoch. Sie läuft weg. Er jagt ihr nach, doch sie wirft einen Plastiktrichter, mit dem man Öl umfüllt, nach ihm. Irgendwie bringt ihn das zum Stolpern, und er stürzt vierzehn Stufen die Treppe hinunter. Endlich hat sie das Erdgeschoss erreicht, und verzweifelt versucht sie, vor ihm zu fliehen. Also rennt sie die Treppe zum ersten Stock hoch. Es spielt keine Rolle, dass sich die Haustür direkt vor ihrer Nase befindet. Man müsste nur schreiend nach draußen rennen und die Nachbarn alarmieren. Ende. Zeit für den Nachspann.

Aber nein, sie sagt sich: *„Ich laufe erst mal nach oben und verstecke mich im Schrank, weil … er … dort … niemals … nachsehen wird."* Klar, unter dem Bett oder im Schrank ist man immer in Sicherheit.

Sie schließt sich also im Schrank ein, und dann baut sich die Spannung auf, bis der Axtmörder die Tür zersplittern lässt. Offenbar können nur die Zuschauer ihre markerschütternden Schreie hören, denn sobald der Killer die Schranktür zu Kleinholz gemacht hat, lenkt ihn irgendetwas ab. Er hält inne. Vielleicht hat er gehört, wie im Erdgeschoss jemand einzudringen versucht, wer weiß?

Es wird wieder still, und sie denkt sich: *„Hm, ich wette, er ist gegangen. Ich sollte einfach mein Versteck verlassen. Immerhin ist das mein Haus. Und ich muss noch Kabel verlegen."*

Sie macht einen Schritt aus dem Schrank heraus – und das Letzte, was sie in ihrem Leben sieht, ist die niedersausende Axt.

Figuren in Horrorfilmen sind strohdumm. Ihnen fehlt nicht nur der gesunde Menschenverstand, sondern auch das eingebaute Alarmsystem. In Horrorfilmen wird man immer ausdrücklich darauf aufmerksam gemacht, wenn gleich etwas Schreckliches passieren wird. Und zwar durch die Filmmusik. Achten Sie einmal auf die Musik. Wenn sie an Spannung zunimmt, denke ich immer: „Geh da nicht rein. Bleib einfach stehen. Hau ab." Die Musik deutet an, dass es gleich Ärger gibt. Sie deutet an, dass demnächst jemand sterben wird. Doch die Leute im Film hören ihre eigene Musik nicht, und das bringt sie in eine äußerst gefährliche Lage. Es macht sie außerdem noch dümmer.

Wir Christen benehmen uns manchmal wie Gestalten in einem Horrorfilm. Gott lebt buchstäblich in uns, und trotzdem stellen wir manchmal die dümmsten Dinge an. Hier stehe ich, errettet, weil Jesus sein Blut für mich vergossen hat, und bin immer noch ein Idiot. Ich tue etwas, das ich nicht tun sollte, dann gehe ich nach vorn zum Altar und bete darüber, und in der darauffolgenden Woche gehe ich wieder los und tue dasselbe. Und dann noch einmal. Und noch einmal. Wäre es nicht cool, wenn wir Filmmusik hören könnten, die uns hilft, in solchen Situationen aufzupassen?

Sagen wir einmal, am Arbeitsplatz tischt Ihnen jemand brühwarm den neuesten Klatsch über einen Vorgesetzten auf, der sich mit Intrigen gegen Sie selbst eine Beförderung verschafft hat. Sie halten sich gerade im Pausenraum auf, und alle sind gespannt auf Ihre Reaktion. Man weiß, dass Sie mehr Grund als irgendjemand anderes haben, sich diesen Klatsch auf der Zunge zergehen zu lassen.

Und jetzt die Titelmelodie aus dem *Weißen Hai*.

Duhhh-duh ... Duhhh-duh ... Duhhh-duh. Duh-duh duh-duh-duh duh-duh.

Wenn Sie in diesem Augenblick die Musik hören könnten, wüssten Sie, dass Sie jetzt tief durchatmen und Ihre Gedanken sammeln sollten. Stellen Sie sich einmal vor, Sie würden nun zum Beispiel sagen: „Na ja, jede Sache hat zwei Seiten. Wenn das wirklich stimmt, tut mir das leid. Er hat so viele gute Eigenschaften." Jeder würde Sie dafür umso mehr respektieren.

Oder sagen wir einmal, Sie sitzen in einem Bewerbungsgespräch und haben bisher einen ausgezeichneten Eindruck hinterlassen. Man bietet Ihnen die Stelle an, und Sie sind ganz begeistert, weil damit auch eine beachtliche Gehaltserhöhung und viele Vergünstigungen, auf die Sie Wert legen, verbunden sind. Ein Firmenwagen. Sechs Wochen bezahlter Urlaub. Ein Bonussystem, das Ihnen die Möglichkeit gibt, früher in Pension zu gehen.

Doch dann meint der Chef: „An den meisten Sonntagen werden

Sie arbeiten müssen. Wir werden natürlich versuchen, dass Sie hin und wieder am Sonntag freihaben, aber ..."

Und jetzt das Thema aus der Duschszene in *Psycho*.

Wenn Sie nun diese Musik hören könnten, würden Sie sich sagen: „Also, ich kann unmöglich alle meine Prioritäten über den Haufen werfen. Ich höre gerade die Titelmelodie. Sie erinnert mich daran, dass ich jetzt nicht das Falsche tun sollte. Ich kann diese Stelle nicht annehmen und das geistliche Leben meiner Familie aufs Spiel setzen."

> Wir haben solche Erkennungsmelodien. Sie warnen uns davor, nicht in den Keller zu gehen. Sie sagen uns, dass außerhalb des Schranks Gefahr droht.

Solche Musik würde uns wirklich helfen.

Warum spielt Gott sie uns dann nicht vor? Wenn er uns hin und wieder diese Musik zu Gehör bringen würde, wären wir in jeder Situation vorgewarnt.

Aber wissen Sie was? Genau das tut er.

Wir haben solche Erkennungsmelodien. Sie warnen uns davor, nicht in den Keller zu gehen. Sie sagen uns, dass außerhalb des Schranks Gefahr droht. Die Musik zeigt uns, dass wir uns in Acht nehmen müssen.

Der Heilige Geist ist unsere Erkennungsmelodie.

NÄHER DRAN

Jesus bereitet sich innerlich auf den Weg zum Kreuz vor. Drei Jahre ist er nun mit den Jüngern zusammen, pausenlos sind sie unterwegs gewesen. Wenn Jesus irgendwohin kommt, weiß jeder, wer er ist, denn sein Ruf ist ihm vorausgeeilt. Es ist cool, wenn man sich zu seinem Kreis zählen darf, auch wenn er die Jünger mit seinen Gleichnissen manchmal verwirrt oder in verzwickte Situationen bringt, um ihnen etwas beizubringen. Sie lernen viel und kommen ihm immer näher, als Jesus plötzlich sagt: „Ich gehe jetzt. Sie werden mich kreuzigen, und am dritten Tag werde ich vom Tod auferstehen."

Den Jüngern muss das die Sprache verschlagen haben.

Unmöglich. Du bist Jesus. Du gehst auf dem Wasser. Du erweckst Menschen vom Tod. Wie kann denn jemand, der Menschen wieder lebendig macht, sterben? Das wird nicht passieren. Petrus, impulsiv wie immer, meint sogar: „Ich lasse nicht zu, dass dich jemand tötet."

Als Jesus den Jüngern mitteilt, dass er sie bald verlassen wird, gibt er ihnen noch ein Versprechen: „Freunde, es ist gut, dass ich gehe. Wenn ich euch verlasse, schicke ich jemand anderes, und dieser andere ist der Helfer" (Johannes 16,7; meine Paraphrase).

Der Helfer ist Gottes Heiliger Geist.

Zur Zeit des Alten Testaments sprach Gott durch Propheten. Wenn man ihn reden hören wollte, musste man sich an auserwählte Menschen wenden. Doch immerhin konnte man Gott reden hören, und er stellte immer einen Menschen zur Verfügung, der in seinem Namen sprach.

Im Neuen Testament kommt Gott in der Person Jesu Christi auf die Erde und bewegt sich unter den Menschen, die er schuf. Er redet mit ihnen, isst mit ihnen und schläft Seite an Seite mit ihnen auf dem Fußboden. Sie spüren den Atem Gottes. Doch dann überrascht er sie. Er sagt: „Das ist mir noch nicht nahe genug. Ich möchte den Menschen noch näher kommen. Ich will nicht mehr durch Propheten sprechen. Ich will auch nicht mehr einfach nur neben euch stehen. Stattdessen will ich *in* euch sein." Er erklärt ihnen, dass er gehen will, um eine noch engere Beziehung zu ihnen aufzubauen.

Vielleicht war die wichtigste Verheißung Jesu die Zusage, dass er seine Kinder niemals allein lassen würde. Kurz vor der Kreuzigung sagte Jesus seinen Jüngern, dass sie keine Angst wegen seiner körperlichen Abwesenheit haben müssten:

> *Und ich werde den Vater bitten, und er wird euch einen anderen Ratgeber geben, der euch nie verlassen wird. Es ist der Heilige Geist, der in alle Wahrheit führt. Die Welt kann ihn nicht empfangen, denn sie sucht ihn nicht und erkennt ihn nicht. Ihr aber kennt ihn, weil er bei euch bleibt und später in euch sein wird (Johannes 14,16-17).*

Gott der Vater erlöste uns und versöhnte uns mit sich selbst durch seinen Sohn Jesus Christus, der mit seinem Tod für unsere Sünden bezahlte und uns durch seine Auferstehung den Weg zum ewigen Leben eröffnete. Das ewige Leben findet zum Teil schon hier und jetzt statt, und Gottes Heiliger Geist versichert uns, dass diese ewigen Verheißungen Gültigkeit besitzen, indem er in uns wohnt und Zukunft und Hoffnung schenkt. Die Gegenwart Christi sichert uns zu, dass wir errettet sind. Er selbst ist unser Friede (Epheser 2,14).

Wenn Jesus also in unser Herz einzieht, wenn wir errettet werden, und uns verändert, warum habe ich dann nicht immer das Gefühl, dass ich wirklich anders bin? Woher kommt es, dass ich manchmal den Eindruck habe, Jesus hat mich verändert, und manchmal nicht? Die meisten von uns kennen nur eine geistliche Achterbahn, deren höchster Punkt kurz nach der Bekehrung liegt. Gibt es einen Ausweg aus diesem Kreislauf? Könnte es ganz anders sein?

Es gehört zu den traurigsten Erfahrungen des Christseins, auf eine Zeit zurückzublicken, da wir Jesus näher waren als heute. Dieses schreckliche Gefühl lässt sich mit nichts vergleichen. Ich kenne es gut und weiß, wie sehr ich versuche, dagegen anzukämpfen. Ich frage mich dann, wie ich wieder zu Gottes Willen zurückkehren kann. Ich fühle mich allein, so als hätte Gott mich verlassen. Schlimmer noch: Das habe ich auch verdient, und ich glaube, er sei zornig auf mich. Wenn ich nur aufhöre, Böses zu tun, und mehr Gutes tue, vielleicht wird dann alles wieder in Ordnung kommen.

> Wir haben einen Helfer. Wir haben jemanden, der bereit ist, zur Schaufel zu greifen und alle Wasserlöcher zuzuschütten, die wir für Brunnen halten.

Ich habe eine gute Nachricht: Wir können unseren Gefühlen nicht vertrauen. Wir können uns nicht von ihnen bestimmen lassen. Und die noch bessere Nachricht lautet, dass wir das auch gar nicht müssen.

Wir haben einen Helfer. Wir haben jemanden, der bereit ist, zur Schaufel zu greifen und alle Wasserlöcher zuzuschütten, die wir für Brunnen halten. Jesus ist bereit, unsere Wasserlöcher mit dem Heiligen Geist zu füllen. Er hat ihn uns versprochen, und dass dieser Geist in uns wohnt, macht die Nähe zu ihm, nach dem wir uns sehnen, möglich.

Manchmal vergessen wir, dass wir einen Helfer haben. Manchmal haben wir uns so tief in unseren eigenen Wasserlöchern vergraben, dass uns eines völlig entgeht: Gott wohnt in uns und spricht mit uns. Denken Sie einmal an eine Situation zurück, in der Sie eine schwierige Entscheidung treffen mussten. Sie wogen gerade die verschiedenen Möglichkeiten gegeneinander ab, als Sie eine leise Stimme hörten: *Na, na, na. Nein, nein, nein.* Haben Sie darauf gehört? Oder haben Sie das getan, was Sie die ganze Zeit schon tun wollten?

Vielleicht saßen Sie auch in einem Restaurant neben einer Frau, die Sie nicht kannten. Eigentlich wandten Sie Ihre ganze Aufmerksamkeit der Vorspeise zu, als Sie auf einmal die leise Stimme flüstern hörten: *Du solltest sie ansprechen. Sie sieht traurig aus. Geh und rede mit ihr.* Oder Sie saßen mit einem Freund zusammen im Auto und sprachen über jedes erdenkliche Thema unter der Sonne – Musik, Sport, Männer, Frauen –, und plötzlich kam Ihnen in den Sinn: *Erzähl ihm von Jesus.*

Das war der Heilige Geist.

„Doch wenn der Vater den Ratgeber als meinen Stellvertreter schickt – und damit meine ich den Heiligen Geist –, wird er euch alles lehren und euch an alles erinnern, was ich euch gesagt habe" (Johannes 14,26).

Der Heilige Geist lehrt uns und hält uns die Wahrheit vor Augen.

Auf erstaunliche Weise erinnert uns Jesus beim Abendmahl daran, dass er in uns wohnt. Er malte uns aus, was einmal kommen würde. „Tut das zur Erinnerung an mich", sagte er (Lukas 22,19). „Wenn ihr dieses Brot esst und aus meinem Kelch trinkt, symbolisiert das, dass mein Geist in euch leben wird, denn ich habe meinen Leib für euch gebrochen und mein Blut vergossen" (Johannes 6,54-56; meine Paraphrase).

Beim Abendmahl erinnern wir uns nicht nur an das Opfer Christi. Es ist auch die Verheißung des Heiligen Geistes in uns: „*Ich verlasse euch, damit wir einander noch näher sind. Ihr müsst nicht nach mir suchen. Ich bin die ganze Zeit bei euch.*"

Im Flow

Jesus gab der Frau am Brunnen schon in den ersten Sätzen ihres Gesprächs einen Vorgeschmack auf diese Verheißung des Heiligen Geistes. Von ihm hörte sie zum ersten Mal davon, dass es so etwas wie „lebendiges Wasser" gibt. Später hielt sich Jesus bei einem der großen Feste im Tempel auf und beobachtete, wie der Hohe Priester ein kompliziertes Reinigungsritual mit Wasser aus dem Teich Siloah vollführte.

Alle drehten sich zu Jesus um, als er ausrief: „Wenn jemand Durst hat, soll er zu mir kommen und trinken! Wer an mich glaubt, aus dessen Innerem werden Ströme lebendigen Wassers fließen, wie es in der Schrift heißt" (Johannes 7,37-38).

Was meinte Jesus damit? Es ist erstaunlich, wie oft die Bibel Fragen beantwortet, die sie selbst stellt. Schauen wir uns einmal den nächsten Vers an:

„Mit dem ‚lebendigen Wasser' meinte er den Geist, der jedem zuteilwerden sollte, der an ihn glaubte. Aber der Geist war noch nicht gekommen, weil Jesus noch nicht verherrlicht worden war" (Vers 39).

Mit dem Begriff „lebendiges Wasser" ist also die Gegenwart des Heiligen Geistes in unserem Leben gemeint. Als Jesus der Frau am Brunnen erklärte, sie müsse ihn nur um lebendiges Wasser bitten und er würde es ihr geben, versprach er ihr (und uns allen) seinen Heiligen Geist. Sein gesamtes Wirken gründete auf dieser Verheißung!

> Als Jesus der Frau am Brunnen erklärte, sie müsse ihn nur um lebendiges Wasser bitten und er würde es ihr geben, versprach er ihr (und uns allen) seinen Heiligen Geist.

Wenn Jesus in unser Leben tritt, kommt er nicht einfach herein, setzt sich sozusagen auf das Sofa unseres Herzens, gähnt, streckt sich und ruht sich aus. Er bestellt nicht den Zimmerservice. Die Abschnitte über lebendiges Wasser sagen uns, dass wir zu Gefäßen werden, die Gott mit sich selbst füllt, damit wir überfließen und andere Menschen erfüllen können. Wasser ist dann lebendig, wenn es sich bewegt. Wenn es nicht mehr fließt, herrscht Stillstand. Jesus verhieß uns *lebendiges* Wasser.

Wenn wir im Restaurant sitzen und den Drang verspüren, mit einer uns unbekannten Frau ein Gespräch anzuknüpfen …

Wenn wir im Auto sitzen, mit unserem Freund über alles Mögliche reden und auf einmal das Gefühl haben, wir sollten ihm von Jesus erzählen ...

Wenn wir eine Entscheidung treffen müssen, und plötzlich kommt uns ein Bibelvers in den Sinn, von dem wir nie geglaubt haben, dass wir ihn auswendig können ...

Oder wenn wir beten und all unsere Wünsche und Bedürfnisse vor Gott bringen, aber plötzlich vor unserem inneren Auge das Gesicht eines Bekannten sehen und den Eindruck haben, wir sollten für ihn beten ...

Das ist der Heilige Geist in uns. Das ist die Musik im Film unseres Lebens.

Er versucht, sein lebendiges Wasser durch uns fließen zu lassen. Er versucht, dieses Wasser in uns überfließen zu lassen, damit auch andere Menschen davon berührt werden. Manchmal wird dabei etwas schmutzig. Das passiert eben, wenn man etwas verschüttet. Aber Gottes Gnade scheut den Dreck nicht, ist niemals sauber und ordentlich wie die Religion. Er wollte nie, dass der Heilige Geist, sein lebendiges Wasser, bei uns auf dem Sofa sitzt, so wie viele Christen kaum mehr tun, als die Kirchenbank zu drücken. Das entspricht nicht seinem Plan. Er will die Welt durch uns lieben, und er will das durch den Brunnen des lebendigen Wassers tun.

Der Apostel Petrus schreibt:

Wenn wir Jesus immer besser kennenlernen, gibt seine göttliche Kraft uns alles, was wir brauchen, um ein Leben zu führen, über das sich Gott freut. Er hat uns durch seine Herrlichkeit und Güte berufen! Und durch dieselbe mächtige Kraft hat er uns seine kostbaren und größten Zusagen geschenkt. Er hat versprochen, dass ihr Anteil an seiner göttlichen Natur haben werdet, denn ihr seid dem Verderben dieser verführerischen Welt entflohen (1. Petrus 1,3-4).

Wir erfahren Gottes Kraft und seinen Frieden, indem wir an seiner göttlichen Natur teilhaben, und zwar durch die „kostbaren und größten Zusagen" seines Heiligen Geistes. Ein kleiner Satz in der Bibel liefert den Brennstoff, damit uns dieser Vers auch in unserem Leben antreibt: „Hört nicht auf zu beten" (1. Thessalonicher 5,17).

Wer die Gegenwart des Heiligen Geistes in seinem Leben Gestalt gewinnen lassen will, muss den ganzen Tag mit Christus in Verbindung bleiben. Das erfordert eine bestimmte Haltung gegenüber Gott, dass wir ihm nämlich ehrfürchtig begegnen und uns ihm unterwerfen, wenn wir durch den Heiligen Geist mit ihm reden.

Ich bete ohne Unterbrechung. Das sind keine vorformulierten Gebete. Vielmehr ähnelt das einem beiläufigen, jedoch pausenlosen Gespräch. Den ganzen Tag bitte ich Gott um Hilfe, trete für andere in der Fürbitte ein, preise ihn für seine Güte und danke ihm für seine Gnade. Jeden Augenblick. Gnade um Gnade. Hin und wieder werde ich unterbrochen, weil ich mit anderen Menschen rede. Und jedes Mal, wenn ich mit jemand anderem rede, habe ich das Gefühl, ich sollte auch für ihn beten.

> Wer die Gegenwart des Heiligen Geistes in seinem Leben Gestalt gewinnen lassen will, muss den ganzen Tag mit Christus in Verbindung bleiben.

Mit seinem Heiligen Geist verheißt uns Gott, dass er, der Unerschütterliche, Unwandelbare, Unaufhaltbare, in uns wohnt, jetzt, in diesem Augenblick. Vielleicht lesen Sie diesen Satz und sagen sich: „Na ja. Sie kennen mich nicht." Stimmt, aber ich kenne Gott, und ich weiß, was uns sein Wort sagt.

Es sagt, dass jeder, der an seinen Namen glaubt, sein Kind ist.

Es sagt, dass wir ohne Unterlass beten sollen.

Es sagt, dass Gott uns niemals im Stich lassen wird.

Es sagt, dass er mir alles gegeben hat, was ich brauche, damit ich für ihn leben kann. Er ist alles in mir, denn als Gott seinen Heiligen Geist in mich hineinlegte, schenkte er mir alles, was ich brauche, um ihn mit meinem Leben zu ehren, und er bleibt in mir.

Es sagt immer und immer wieder: Sorge dafür, dass das lebendige Wasser nicht aufhört zu fließen.

LEBEN, ALS WÄRE MAN
GERADE AUFGEWACHT

Vor einigen Jahren kaufte ich zu Weihnachten einen echten Tannenbaum. Auf dem Heimweg blickte mich Melanie an und runzelte die Stirn.

„Hast du den Baum ausgemessen?"

Sie denkt sehr vorausschauend. Ich rufe einfach: „Komm, wir holen uns einen Weihnachtsbaum!", und renne zum Wagen. Ich wusste, dass ich den besten Baum aller Zeiten gefunden hatte, aber über die Höhe hatte ich tatsächlich nicht nachgedacht.

Als ich zu Hause ankam und den Baum zum Eingang zerrte, war er viel zu groß. Wir bekamen ihn nicht durch die Tür, ohne ihn zu beschädigen. Allmählich dämmerte mir, warum dieser wunderschöne Baum noch zu haben gewesen war.

Die nächsten Stunden verbrachten wir damit, den Baum nach drinnen zu schaffen. Weil ich nicht die richtigen Werkzeuge zum Beschneiden hatte, rief ich spätabends noch eine Bekannte an, um mir eine Baumschere auszuborgen. Mit Gartenarbeit habe ich nicht viel am Hut, also meinte ich bloß: „Sag mal, hast du so ein Ding, mit dem man Äste abschneiden kann? Es ist ziemlich kurz und macht schnipp, schnapp."

„Was genau brauchst du denn?", fragte sie zurück. Als ich bei ihr eintraf, hatte sie acht Werkzeuge zurechtgelegt.

„Die machen alle schnipp, schnapp", erklärte sie. „Ich habe keine Ahnung, was du brauchst."

Es war fast Mitternacht, als ich mit dem richtigen Werkzeug nach Hause kam. Ich schnippelte an dem Baum herum, bis ich ihn schließlich hineinzerren konnte. Dann verpasste ich ihm noch einen Formschnitt, damit ich die elektrischen Kerzen daran befestigen konnte. An diesem Punkt erinnerte mich Melanie an etwas.

„Hör mal, Süßer", meinte sie. So redet sie mich immer an, wenn gleich eine Standpauke folgt. „Du weißt doch, wo die elektrischen Kerzen sind, oder?", fragte sie.

„Irgendwo auf dem Dachboden."

„Nein", entgegnete sie. „Letztes Jahr habe ich dir gesagt, du solltest die Kerzen vom Baum abnehmen und irgendwo verstauen, aber du hattest keine Lust, weißt du noch? Du wolltest sie einfach wegwerfen und dieses Jahr neue besorgen. Und jetzt fährst du noch los und kaufst welche."

Ich hatte die Kerzen weggeworfen, weil für mich eins noch schlimmer ist, als die Kerzen am Baum anzubringen: sie wieder abzunehmen. Ich schlinge die Lichterkette um den ganzen Baum, damit die Kerzen schön gleichmäßig verteilt sind. Doc Ock aus dem Film *Spiderman* könnte das Spinnennetz, das ich jedes Jahr webe, nicht wieder auseinanderpflücken.

Als ich vom Einkaufen zurückgekommen war und den Baum fertig geschmückt hatte, konnte ich endlich zu Bett gehen. Es war zwei Uhr. Ich war schon halb bewusstlos, als mein Kopf auf das Kissen sank. Eigentlich bin ich eine Nachteule, aber an diesem Tag war ich früh aufgestanden. Außerdem litt ich unter einer ziemlich starken Erkältung. Noch bevor ich den Wecker gestellt hatte, versank ich im Tiefschlaf.

Das war schlecht. Nicht einmal sechs Stunden später sollte ich nämlich einen Gottesdienst bei der christlichen Sportlervereinigung halten.

Für manche Leute bedeutet das Aufwachen am Morgen Vogelgezwitscher und tanzende Sonnenstrahlen auf den geschlossenen Augenlidern. So wache ich nicht auf. Melanie muss mich förmlich anschreien. Die ersten vier oder fünf Male bekomme ich das noch nicht mit, und an diesem Morgen, als ich den Gottesdienst halten sollte, funktionierte es gar nicht. Als sie mich endlich unsanft wach gerüttelt hatte, war ich etwas sauer auf sie. Es war zwanzig vor acht. Die Veranstaltung sollte um Viertel vor acht beginnen.

Mein Kopf war wie vernebelt, und ihr Rufen drang kaum hindurch: „Mark! Du musst doch heute zur christlichen Sportlervereinigung! Juan wartet draußen schon auf dich!"

Am schlimmsten ist es, wenn man mit dem Bewusstsein aufwacht, viel zu spät dran zu sein. Wie von der Tarantel gestochen setzte ich mich auf. Unter der Bettdecke war es so warm, dass ich am liebsten gesagt hätte: „Er soll später noch mal vorbeikommen. Kann sich die Erde nicht mal eine Weile aufhören zu drehen? Ich kündige meine Stelle. Ich kündige alles. Ich will einfach im Bett bleiben."

Dieser Gedanke blieb noch einige Sekunden im Hirn hängen, bevor ich dann endlich aufsprang, nur um daran erinnert zu werden, dass ich inzwischen im besten Alter bin und mein Körper morgens noch nicht so recht in Fahrt kommt. Die Kniegelenke knirschen. Die Augen sehen nicht sofort scharf. Die Füße wollen nicht so recht, und ich bewege mich wie Frankenstein. Das ist ein Nachteil, wenn man in Eile ist und im Zimmer noch Dunkelheit herrscht, weil deine Frau sich wieder schlafen gelegt hat. Ich hatte keine Zeit zu duschen und musste mich im Dunkeln anziehen. Deshalb wusste ich nicht, ob die Klamotten zueinanderpassten.

Mein Hals fühlte sich wegen meiner Bronchitis an wie ein Reibeisen. Zumindest musste ich mir noch die Zähne putzen, bevor ich zu Juan in den Wagen sprang.

„Welche Lieder singen wir eigentlich?", fragte Juan überaus gut aufgelegt.

„Ich bin seit zweieinhalb Minuten wach. Meine Halsschmerzen bringen mich um. Welche Lieder?", fragte ich und räusperte mich, damit er meinen rasselnden Atem hören konnte. „Wie wär's, wenn wir gar nichts singen?"

Als wir am Veranstaltungsort ankamen, wusste ich immer noch nicht, worüber ich sprechen sollte. An diesem Punkt begriff ich, dass ich gerade nicht nur eine Lektion gelernt, sondern selbst erlebt hatte.

Die meisten Christen leben so, als wären sie gerade aufgewacht. Und sind dann nicht auf das vorbereitet, was als Nächstes kommt. Das gilt zum Beispiel im Hinblick auf Versuchungen. Satan weiß genau, welche Knöpfe er bei uns drücken muss. Er war klug genug, einen Krieg gegen Gott anzuzetteln, denn so muss er nicht erst die Schulbank drücken, um unsere Schwachstellen herauszufinden.

Wir alle werden mit Versuchungen konfrontiert. In 1. Korinther 10,13 lesen wir: „Vergesst nicht, dass die Prüfungen, die ihr erlebt, die gleichen sind, vor denen alle Menschen stehen." Und doch erinnert uns der Verfasser des Hebräerbriefs daran, dass Jesus unsere Schwächen versteht. Obwohl er in jeder Hinsicht versucht wurde,

> Die meisten Christen leben so, als wären sie gerade aufgewacht. Und sind dann nicht auf das vorbereitet, was als Nächstes kommt.

wurde er niemals schuldig, damit er sich als sündloses Opfer für unsere Sünden hingeben konnte (Hebräer 4,15).

Wenn Satan Ihnen nachstellt, genau den richtigen Knopf bei Ihnen drückt und Sie wieder einmal völlig versagen, was sagt er Ihnen dann als Erstes?

Du Loser. Du bist der Einzige mit diesem Problem.

Er beherrscht sein Metier sehr gut. Wir denken nicht den lieben langen Tag über ihn nach, aber er denkt die ganze Zeit über uns nach. Er besitzt einen Terminplaner, in dem alle unsere Namen stehen, und oft ist er besser als wir darauf vorbereitet, was uns an diesem Tag erwartet.

Die meisten von uns vergessen, sich in Acht zu nehmen. Wenn die Versuchung zuschlägt, sind wir ganz und gar im Augenblick gefangen, so als wären wir gerade aufgestanden: „Okay. Okay. Was soll ich tun? Wie lautet der Bibelvers gleich noch mal, den ich gerade gelesen habe? Was hat der Pastor neulich in der Predigt gesagt?" Oder schlimmer noch, in unserem Kopf herrscht völlige Leere, weil wir schon eine ganze Weile nicht mehr aus dem Brunnen geschöpft haben.

Wenn wir uns nicht vorbereiten, sind wir schon erledigt. Tappen wir dann in die von Satan aufgestellte Falle, weil wir unseren eigenen Wünschen nachgeben, lacht er gehässig und beginnt uns anzuklagen. „Das bist du. So sieht es mit dir aus. Du wirst dich nicht ändern. Diesen Fehler wirst du immer wieder machen. So ist dein Leben. Verstehst du? Daraus kannst du niemals ausbrechen."

Kein Wunder, dass wir uns wie Versager fühlen. Er ist unser ständiger Feind und weiß über jeden von uns genau Bescheid. Sogar wenn wir den nächsten Schritt gehen wollen, zu dem Gott uns auffordert, lauert die Versuchung. Aber es ist nicht nötig, dass sie uns kalt erwischt. Wir müssen nicht so leben, als seien wir gerade aufgewacht.

Daniel, ein Heiliger des Alten Testaments, zeigt uns, wie wir so leben können, dass jeder, sogar der Teufel, erkennt, dass wir anders sind.

IN DER LÖWENGRUBE

Die meisten von uns haben die Geschichte von Daniel in der Löwengrube schon als Kind gehört. Doch wer weiß schon genau, warum er in die Löwengrube geworfen wurde? So mutig sich Daniel in jener Nacht mitten unter den Löwen auch erwies, das war nicht die Leistung, die mich am meisten beeindruckt. Was er tat, um in der Löwengrube zu landen, war noch viel mutiger.

Daniel war ein junger Jude, der aus Israel in die Babylonische Gefangenschaft verschleppt worden war. Am Hof des Königs Darius machte er Karriere, blieb aber Gott treu, der ihn segnete und ihm die Gunst der Herrschenden schenkte, die ihn gefangen genommen hatten.

Der König war von Daniel beeindruckt und wusste selbst nicht, warum. Das ist oft so bei Menschen, die dem einen wahren Gott dienen. Wir laufen nicht herum und zitieren Habakuk, doch die Leute spüren, dass wir irgendwie anders sind. Sie merken, dass wir uns von der Masse unterscheiden.

Auf Befehl des Königs wurde er befördert und bekam Gehaltserhöhungen. Daniel fing sozusagen an der Getränkeausgabe an, und schon bald durfte er in der Küche die Pommes frites zubereiten. Kurze Zeit später durfte er dann am Tresen die Kunden mit einem albernen Hütchen auf dem Kopf und einem breiten Lächeln bedienen. Im Grunde verwaltete Daniel das gesamte Reich im Auftrag des Königs.

Alle Leute, die noch hinten in der Küche schuften mussten, missgönnten Daniel seinen kometenhaften Aufstieg. Sie verstanden nicht, warum der Gefangene aus einem fremden Land immer die Gehaltserhöhungen absahnte. „Wir müssen uns etwas einfallen lassen, um ihn aus dem Weg zu räumen", meinten sie.

Doch Daniel führte ein gottesfürchtiges Leben, und es gab kaum eine Stelle, an der sie ihn angreifen konnten. Zunächst waren sie ratlos: „Darüber wird er nicht stolpern. Hier können wir ihm keine Falle stellen. Und darauf wird er sich überhaupt nicht erst einlassen."

In Daniel 6,5-6 lesen wir, dass die „königlichen Bevollmächtigten und Statthalter" (also die Leute, die hinten in der Küche noch die

Pommes zubereiten mussten) einsahen: „Es gibt nur eine Sache, mit der wir Daniel drankriegen können – und das ist der Glaube an seinen Gott."

Ich sehne mich nach dem Tag, an dem niemand etwas Schlechteres über mich sagen kann, als dass ich meinem Gott zu gehorsam bin. Sie wussten, wie sehr Daniels Herz für Gott brannte, und so mussten sie sich etwas einfallen lassen, um seinen festen Glauben gegen ihn zu verwenden. Die Küchengehilfen und Möchtegernchefs verfielen auf eine List, mit der sie König Darius reinlegen wollten.

> Ich sehne mich nach dem Tag, an dem niemand etwas Schlechteres über mich sagen kann, als dass ich meinem Gott zu gehorsam bin.

„Oh König, du bist toll", sagten sie.

„Ich danke euch, meine Untertanen."

„Nein, König, ehrlich, du bist echt klasse. Krass, Mann. Du bist echt voll oberkrass."

König Darius fasste sich ans Kinn und dachte nach. „Wisst ihr, ich glaube, ihr habt recht. Ich bin echt voll oberkrass, genau wie ihr sagt. Ich spüre es; ich bin es wirklich."

Die Pommesfrittierer legten noch einen drauf. „König, du bist so toll, dass jemand, der einen anderen als dich gut findet, eigentlich nicht verdient hat, am Leben zu bleiben."

Darius war völlig aus dem Häuschen vor Begeisterung. „Ja! Ihr habt recht!"

„Wir könnten das so machen, o König: Wenn in den nächsten dreißig Tagen irgendjemand einen anderen anbetet, ist er Löwenfutter. Wir werfen ihn den wilden Tieren vor. Wir feiern den landesweiten König-Darius-Monat."

„Ich bin ganz eurer Meinung. Vor allen Dingen, weil ich absolut obercool bin."

Der Erlass wurde in den Abendnachrichten verkündet, und die ganze Stadt wusste, dass im Lauf der nächsten dreißig Tage nur König Darius angebetet werden durfte, ganz egal, welcher Religion man angehörte.

Was Daniel als Nächstes tat, nehme ich mir als Ziel für mein Leben mit Gott vor. Es ist einer der tollsten Verse, die je geschrieben wurden:

Daniel wusste, dass dieses Gesetz vom König erlassen worden war. Er ging in das obere Stockwerk seines Hauses, wo er die Fenster, die nach Jerusalem zeigten, immer geöffnet hielt. Trotz des Verbotes kniete er sich nieder, dankte und lobte Gott und flehte ihn an, wie er es auch sonst dreimal täglich machte (Daniel 6,11).

Ich bin sicher, dass ich nicht so reagiert hätte. Ich bin ebenfalls sicher, dass ich mit meiner Feigheit nicht allein wäre. Die meisten von uns wären eingeknickt, wenn sie mit der Versuchung konfrontiert gewesen wären, so zu handeln wie alle anderen auch. Ich kann die typischen Antworten förmlich hören: „Oh Mann, was soll ich nur tun? Die Zehn Gebote habe ich tausend Mal gelesen, und das erste lautet, dass ich neben Gott keine anderen Götter haben soll. Seit Jahren bete ich Jesus in meiner Gemeinde an. Ich habe einen Fischaufkleber auf meinem Auto und ein cooles christliches T-Shirt. Was soll ich nur machen?"

Dann würden wir planlos herumlaufen, mit unseren Freunden reden, uns bei Facebook einloggen und in Großbuchstaben posten: „ICH HABE KEINE AHNUNG, WAS ICH TUN SOLL!"

Was aber tat Daniel? Er hörte die Nachrichten, machte auf dem Absatz kehrt, ging nach Hause, öffnete die Fenster, fiel auf die Knie und betete zu Gott.

Wieso um alles in der Welt tat er das? Wie konnte er Gott die Ehre geben, wenn er sich damit in Lebensgefahr brachte?

Weil er auch schon am Tag zuvor Gott die Ehre gegeben hatte.

Und am Tag davor.

Und am Tag davor.

Das war Daniels Lebensstil. Er lebte nicht, als wäre er eben aufgewacht, denn er war dem Herrn ständig so nah, dass ihn nichts unvorbereitet traf. Er wusste, dass alles, was mit seinem Leben zu tun hatte, erst einmal durch die Hand Gottes gehen musste. Sogar seine Rivalen. Sogar eine Höhle voll hungriger Löwen.

Versuchung

Gott war Daniels Brunnen. Daniels geistliches Leben umfasste viel mehr, als sonntags zum Gottesdienst zu gehen. Er hatte eine gute Beziehung zu Gott, lebte täglich mit ihm und pflegte diese Freundschaft. Wenn ich nur im Gottesdienst oder im Hauskreis Verbindung zu Gott aufnehme, ist Jesus nicht mein Brunnen.

In der ersten Hälfte von 1. Korinther 10,13 lesen wir, dass jeder Mensch mit Versuchungen zu kämpfen hat. Die zweite Hälfte aber gefällt mir noch besser. Dort heißt es, dass Gott treu ist und nicht zulässt, dass wir über unsere Kraft hinaus versucht werden. Er wird uns immer eine Fluchtmöglichkeit eröffnen, damit wir in solchen Prüfungen bestehen können.

Kaum ein Vers wird häufiger falsch zitiert als dieser. Ich weiß nicht, ob Sie das Ihre Großmutter schon einmal haben sagen hören, aber es besteht eine gewisse Wahrscheinlichkeit, dass sie oder ihre Schwester Folgendes gesagt hat: „Der Herr wird dir nicht mehr auferlegen, als du tragen kannst."

Diesen Satz findet man nirgends in der Bibel. Gott wird Ihnen eine ganze Menge auferlegen, das Sie nicht tragen können, um Sie in seine Arme zu treiben. Doch was die Versuchung betrifft, so spricht uns der erste Korintherbrief zu, dass Gott das ganze Szenario durchgegangen ist, alles zum x-ten Mal durchgerechnet hat und sagt: „Damit wird sie klarkommen."

Im Licht dieser Erkenntnis stellen Sie sich einmal vor, *welche Versuchungen an uns vorbeigehen.*

Satan, der brüllende Löwe, der umhergeht und sieht, wen er verschlingen kann, wird im Leben eines Christen an die Leine gelegt. Er kann uns nahe kommen, uns hinters Licht führen und uns das Leben schwer machen, doch er besiegt uns nur, wenn wir das zulassen. Gott hält seinen Kindern immer einen Fluchtweg offen.

Darum müssen wir vermeiden, so zu leben, als wären wir gerade aufgewacht, und darum verheißt Jesus uns auch, dass der Heilige Geist in uns wohnen wird, wenn wir ihm unser Leben übergeben. Er weiß, dass das böse System dieser Welt kein Erbarmen kennt. Daniel bereitete sich jeden Morgen darauf vor, den Tag mit Gott zu leben. Er verließ sich nicht nur auf den Sonntag, um Kraft für die nächste Woche zu bekommen, und deshalb hatte die Versuchung bei ihm auch keine Chance.

Jeden Tag werden wir mit Versuchungen konfrontiert und müssen uns entscheiden, ob wir Gott gehorchen wollen. In Jesus zu bleiben und den nächsten Schritt zu gehen, den er uns aufträgt, ist das Wesen der Gemeinschaft mit ihm. Unsere Beziehung mit Jesus bleibt bestehen, ganz egal, was auch passieren mag, doch unsere Gemeinschaft mit ihm – dass wir also jeden Tag mit ihm in enger Verbindung stehen – wird beeinträchtigt, wenn wir der Versuchung nachgeben.

Die Versuchung steht uns im Weg, wenn wir den nächsten Schritt gehen wollen, zu dem Jesus uns auffordert. Versuchung ist die Einladung, unseren eigenen Weg zu gehen.

Manchmal bleiben uns angesichts einer Versuchung nur wenige Sekunden, um uns zu überlegen, wie wir reagieren wollen. In dieser kurzen Zeitspanne müssen wir zunächst einmal bilanzieren, was wir alles überhaupt glauben, bevor wir uns nach einer Fluchtmöglichkeit umsehen. Das Problem ist, dass sich die beste Fluchtmöglichkeit bereits viel eher geboten hätte, nämlich als wir es noch hätten vermeiden können, uns dieser Versuchung überhaupt auszusetzen.

Eine ständige Versuchung liegt darin, dass wir uns aus den Wasserlöchern bedienen, die wir für Brunnen halten.

> Unsere Beziehung mit Jesus bleibt bestehen, ganz egal, was auch passieren mag, doch unsere Gemeinschaft mit ihm wird beeinträchtigt, wenn wir der Versuchung nachgeben.

Doch wenn unser Lebensstil davon geprägt sein soll, dass wir aus dem einzig wahren Brunnen schöpfen, bedeutet das, dass wir auf den Heiligen Geist hören müssen, der uns an Gottes Wort erinnert. Dem Heiligen Geist zu gehorchen führt wiederum zu größerer Weisheit und macht es uns einfacher, ihn zu hören. Die Bibel zahlt uns quasi Zins und Zinseszinsen.

Gottes Wort ist unsere stärkste Waffe gegen die Versuchung. Es wirkt stärker als die härteste Selbstdisziplin. Wenn wir Jesus unsere Liebe zeigen, indem wir einen Lebensstil des Gehorsams pflegen, vermeiden wir es, so zu leben, als wären wir gerade aufgewacht. Nur dann sind unsere geistlichen Sinne geschärft genug, um den Fluchtweg zu sehen. Nur dann können wir seine Antworten hören, mit denen er uns einen Weg aus dem Dilemma zeigt.

Wenn wir tage- oder wochenlang nicht mit Gott geredet haben, erinnern wir uns nicht mehr an den Klang seiner Stimme, wenn die Versuchung zuschlägt oder wir in Schwierigkeiten geraten. Wenn wir auf das zurückgreifen müssen, was wir vor sechs Monaten gelernt haben, um auf der Stelle eine Entscheidung zu treffen, sind wir geliefert. Wenn wir uns dann nicht für den Fluchtweg entscheiden, sondern der Versuchung nachgeben, werden wir beim nächsten Mal eher stolpern. Wir sind es schon gewöhnt, uns allein auf den Weg zu machen. Bald leben wir nur noch aus eigener Kraft. Geht Gott immer noch mit uns? Ja, doch es fällt uns immer schwerer, auf ihn zu hören, weil wir seiner leisen Stimme gegenüber immer mehr abstumpfen.

JÜNGERSCHAFT

Vor einigen Jahren machte mir Klebeband jeden Morgen das Leben leichter. Unsere wunderbare schwarze Labradorhündin, die ich sehr liebe, hatte ein Schlupfloch gefunden, um aus dem Garten hinter dem Haus auszureißen. Ich glaube, sie ist ein Jedi-Hund. Jeden Morgen riss unsere kleine Liza Jane aus, rannte zur Mülltonne und kippte sie auf der Ausfahrt aus.

Wenn es irgendetwas gibt, das ich morgens wirklich nicht gern tue, nachdem ich geduscht und mich fertig gemacht habe, ist es, Tüten mit Essensresten zu durchwühlen. Das ist eklig, vor allen Dingen für jemanden mit einer Phobie vor allen ekligen Sachen. Als ich noch ein Teenager war und meine Mutter mir auftrug, den Geschirrspüler einzuräumen, streifte ich mir Plastikbeutel über die Hände. Die Essensreste mochte ich nicht anfassen. Bis heute läuft es mir kalt über den

Rücken, wenn ich sehe, wie eine Kellnerin meinen Teller nach dem Essen abräumt und ihren Daumen in den Rest Kartoffelbrei drückt. Klingt merkwürdig, ich weiß. Für mich und Menschen mit dem gleichen Problem müsste man eigentlich eine eigene Reality-Fernsehshow einrichten.

Normalerweise schimpfte ich Liza Jane ein bisschen aus. Dann zog sie den Schwanz ein, senkte den Kopf und blickte mich mit traurigen Augen an, die zu sagen schienen: „Oh, es tut mir so leid." Doch am nächsten Morgen machte sie genau dasselbe.

Wir hatten keine Ahnung, wie wir sie davon abhalten konnten, die Mülltonne anzugreifen. Wieder einmal schaute ich auf das Chaos, als mir plötzlich eine Idee kam. Was rettet so manche Situation? Klebeband.

Wir befestigten den Deckel der Mülltonne mit Klebeband. Der Müllmann wusste nicht, was er davon halten sollte, aber auf der Auffahrt gab es jetzt weniger Flecken und morgens war die Situation wieder normal. Ich bekam keine Anfälle mehr.

Ich beschäftigte mich näher mit diesem Klebeband. Es handelte sich um Isolierband. Ich fand heraus, dass es trotz der unendlich vielen Anwendungsmöglichkeiten ein Gebiet gibt, auf dem dieses Klebeband kaum etwas taugt.

Man kann damit keine Leitungen isolieren.

Mit diesem Klebeband kann man tausend Sachen machen, und zwar gut. Nur den einen Zweck, zu dem es eigentlich erfunden wurde, erfüllt es nicht. Wie viele von uns sind ein wandelndes Isolierband? Wie viele von uns beherrschen tausend Dinge sehr gut und bedienen sich jedes Mal aus ihren Wasserlöchern, wenn sie ein kleines Projekt in die Wege leiten, tun aber nicht, wozu sie eigentlich geschaffen wurden?

Es gibt einen einzigen Grund, warum Gott auf der Erde Christen zurückgelassen hat. Wir sollen ihn verherrlichen, indem wir die gute Nachricht von unserer Errettung weitergeben. Die einzige Möglichkeit, sie weiterzugeben, besteht darin, Jesus in unserem Leben Gestalt gewinnen zu lassen. Und um ihn in unserem Leben Gestalt gewinnen zu lassen, muss er der Brunnen sein, der jeden Aspekt unseres Lebens durchtränkt.

Gott schuf uns darüber hinaus, damit wir mit ihm Gemeinschaft haben. In meiner täglichen Stillen Zeit konzentriere ich mich auf einige Verse oder lese eine kurze Andacht, in der ein einziger Vers ausgelegt wird. Mir persönlich gefallen Andachten am besten, die mir ganz praktisch zeigen, wie ich die jeweilige Bibelstelle umsetzen kann. Ich mache es mir nicht zur Pflicht, einen längeren Abschnitt zu lesen, sondern versuche einfach, über die Bedeutung des einen Verses nachzudenken und mich in der Gegenwart Gottes aufzuhalten, sodass meine Stille Zeit auch den Rest meines Tages bestimmt.

Ich beginne mit einem kurzen Gebet.

Gott, bevor ich mit der Stillen Zeit anfange, ganz geistlich tue und versuche, alles wiedergutzumachen, was schiefgelaufen ist, lass uns den ganzen Müll aus dem Weg räumen. Gibt es irgendetwas in meinem Leben, was nicht da sein sollte? Das tut mir leid. Bitte vergib mir. Ich will das nicht wieder tun. Wie kann ich es schaffen, diesen Fehler nicht zu wiederholen? Zeig es mir.

Dann bitte ich Jesus, mich beim Bibellesen zu leiten.

Herr, ich möchte tief in deinem Wort graben und etwas hören, das ich mit in den Tag nehmen kann – selbst wenn es nicht für mich bestimmt ist und du möchtest, dass ich es einem anderen Menschen weitergebe. Bitte sprich zu mir.

Ich setze mich nicht hin, betrachte die Bibelverse und warte darauf, dass der Engelchor ein vielstimmiges Lied anstimmt, während das Hausdach davonschwebt und eine Taube sanft auf meiner Schulter landet. So funktioniert das nicht. Mit solch einer großartigen Aufführung können wir nicht rechnen.

Wenn wir immer auf die nächste tolle Erfahrung und das nächste geistliche Hoch warten, gleicht unser Leben einer Achterbahnfahrt. Es geht aber um eine lebendige Beziehung zu Gott. Wenn wir mit unseren Freunden zusammen sind, wollen wir keine wunderbaren Erinnerungen sammeln, von denen wir einst unseren Enkeln erzählen können. Nein, wir wollen einander kennenlernen, um Gemeinschaft zu haben und einander zu lieben.

Ich frage Gott, wie er diesen Vers heute gebrauchen will, und den Rest des Tages verbringe ich damit, mich nach Möglichkeiten umzuschauen, wie Gott ihn gebrauchen kann. Das schärft meine Sinne. Es fühlt sich so an, als sei man im „Flow". Man ist aufmerksam, alles wird langsamer und geht leichter von der Hand.

Auch mein Blick ändert sich, wenn ich aus dem Brunnen trinke. Ich sehe die Welt und andere Menschen, so wie Gott sie sieht. Ich rede anders. Ich denke anders. Ich bin anders.

Mein unausstehlicher Kollege ist mit einem Mal nicht mehr so unausstehlich. Er ist einfach jemand, dem ich Nächstenliebe erweisen oder von Jesus erzählen kann. Statt ihn zu kritisieren, frage ich mich, was in seinem Leben wohl vorgehen mag, dass er so geworden ist.

Was ist mit der Bekannten, die mir so auf die Nerven geht, dass ich Gott schon gebeten habe, sie nach Guam auswandern zu lassen? Wenn ich in Jesus bleibe, wirkt sie ganz anders auf mich. Ich empfinde Mitleid für sie. Ich frage mich, wie ich ihr helfen kann. Ich bete für sie.

Nicht nur Menschen sehen anders aus, sondern auch Situationen. Raten Sie mal, was auch anders aussieht.

Die Versuchung.

Ich sehe sie als das, was sie ist – eine Schlange. Ich weiß, was ich von einer Schlange zu erwarten habe, und ich hebe sie nicht auf. Doch wenn ich nicht aus dem Brunnen schöpfe, sehe ich die Versuchung und sage mir: „Oh, eine Schlange! Sie sieht so schön aus. Siehst du die Farben? Ist sie nicht wunderbar? Ich glaube, ich will mit ihr spielen."

Was wir getan und an Fehlern gemacht haben, verschlägt Gott nicht die Sprache. Vielleicht ist er traurig, aber er ist nicht fassungslos. Er will, dass wir ihn durch unseren Gehorsam und unsere Treue ehren, doch er versteckt sich nicht vor uns, weil ihm unser Leben ein Rätsel wäre und er keine Ahnung hätte, wie er zu uns durchdringen könnte. Gott sagt: „Wir sollten uns ganz nahe sein. Verbringen wir ein wenig Zeit zusammen. Reden wir miteinander. Ich rede mit dir, und wenn du dann noch ein bisschen mit mir redest, wirst du mich auch ein bisschen besser hören können."

> Was wir getan und an Fehlern gemacht haben, verschlägt Gott nicht die Sprache. Vielleicht ist er traurig, aber er ist nicht fassungslos.

Ich denke an die Frau am Brunnen. Ich denke an Qin. Ich denke an Paulus, seinen Schiffbruch und die Freude, die er im Gefängnis empfand, und ich denke an Petrus und das Holzkohlenfeuer. Ich denke an den Bauchklatscher-Typ. Ich denke an Nikodemus und Herb Opalek. Und ich denke an Iris Blue. Ihre Geschichten sagen alle dasselbe: Es ist eine Tragödie, wenn man so dicht am Brunnen steht und trotzdem durstig bleibt. Trotzdem ist es bei vielen Christen genau so. Wir gehen zum Brunnen. Wir halten uns in seiner Nähe auf. Wir versammeln uns um ihn, singen und treffen uns in Kleingruppen. Und die ganze Zeit ist der Brunnen so nah und will unseren Durst löschen.

Doch dieser Brunnen ist kein Ding. Der Brunnen ist eine Person, und es ist an der Zeit, eine persönliche Beziehung mit ihm zu beginnen. Sein lebendiges Wasser ist mehr als die blumige Sprache in einer entzückenden Geschichte der Bibel. Er ist nicht nur eine Verheißung. Er ist Realität, und er stillt unsere tiefsten Bedürfnisse.

Vielleicht lernen wir, auf ihn zu hören, uns auf ihn zu stützen und uns zu weigern, uns aus den vertrauten Wasserlöchern zu bedienen. Möge Jesus stets unser Brunnen sein, aus dem wir immer tiefer schöpfen.

DER KREIS SCHLIESST SICH

Alles änderte sich für Iris Blue, als sie ein Mann, der ihr bis auf den tiefsten Grund ihrer Sünde gefolgt war, auf einem kalten Bürgersteig in einer ewigen Trauungszeremonie zu Jesus führte. Sie ließ ihr altes Leben hinter sich und fasste den Entschluss, die Zeit, die ihr noch auf der Erde verblieb, zu nutzen, indem sie anderen Menschen von ihrem neuen Leben erzählte.

Mehr als drei Jahrzehnte predigt Iris nun schon das Evangelium und macht Menschen mit Jesus bekannt. Dafür hat sie die ganze Welt bereist, eine starke Frau, die vielen Menschen sagt: „Kommt mit, und lernt einen Mann kennen, der mir alles ins Gesicht gesagt hat, was ich jemals getan habe!" (Johannes 4,29).

Ich hörte Iris' Geschichte, als ich in der *Center Hill Baptist Church* in Loganville, Georgia, arbeitete. Sie besuchte unsere Gemeinde, um ihre Lebensgeschichte zu erzählen, kurz nachdem sie ein bewegendes Erlebnis an einem passenden Ort hatte – dem Jakobsbrunnen.

Ende der 1990er-Jahre veranstaltete sie eine Israelreise für etwa vierzig Teilnehmer. Kurz vor der Ortseinfahrt nach Nablus legten sie einen Halt ein. Für Touristen aus westlichen Ländern ist das ungewöhnlich, weil Reisen in die Westbank gefährlich sein können.

Der Jakobsbrunnen wird heute von den Mauern eines griechisch-orthodoxen Klosters im Stadtgebiet von Nablus umschlossen. Als Iris und ihre Reisegruppe eintrafen, begegneten sie Jamaal, dem respektvollen und freundlichen muslimischen Brunnenwärter. Er erlaubte Iris und ihren Begleitern, daraus zu trinken, und ließ einen Eimer fast dreißig Meter tief in den Brunnen hinab, den Jakob selbst gegraben hatte.

Die meisten Reisegruppen, die sich in die Westbank wagen, bleiben nicht lange am Jakobsbrunnen. Man liest die Geschichte von der Frau am Brunnen in Johannes 4 und zieht weiter. Iris jedoch nahm sich Zeit. Jeder bekam eine Minute, um zu erzählen, wie er Jesus als seinen Retter kennengelernt hatte.

Iris erzählte: „Ein kleiner Junge – er mag als sechster an der Reihe gewesen sein – meinte: ,Mein Vater hat uns verlassen, und ich bettelte Gott an, weil ich meinen Vater zum Weihnachtsfest zu Hause haben wollte.' Allen traten die Tränen in die Augen. Und der Nächste, der an der Reihe war, sagte: ‚Ich bin sein Vater, und ich habe Jesus Christus kennengelernt und bin nach Hause gekommen, und nun sind wir alle zusammen im Heiligen Land.‘

Noch zwei weitere Wortmeldungen machten uns sehr betroffen. Eine liebe Freundin ergriff das Wort. Ich hatte nie daran gezweifelt, dass sie errettet war. Sie meinte jedoch: ‚Ich habe kein Zeugnis zu erzählen, weil ich Jesus niemals richtig begegnet bin.‘ Schließlich begriffen drei Leute aus unserer Gruppe, dass sie verloren waren. Wir kamen zum Schluss, alle weinten, und wir beteten. Sie baten mich, ‚Never thirst again‘ (dt. Niemals wieder durstig) zu singen. Ich trug es einfach a cappella vor.“

Während sie sang, bemerkte Iris hinten im Raum Jamaal. Er reckte den Hals, um einen Blick auf die große blonde Amerikanerin auf dem hohen Stuhl zu erhaschen, den normalerweise der griechisch-orthodoxe Priester benutzte. Iris sah die Tränen in Jamaals Augen, als er den Text des Liedes über die Frau am Brunnen hörte:

As if he read my mind, he gently told me, Daughter,
*   have no fear.*
„What you've thirsted for so long, it's finally here.“

Als könnte er meine Gedanken lesen, meinte er sanft zur mir:
„Meine Tochter, keine Angst: Wonach du dürstest,
*   ist endlich hier.“*

Als Iris das Lied beendet hatte, ging sie geradewegs auf Jamaal zu, während sich alle anderen unterhielten oder beteten.

„Jamaal, haben Sie hier unten schon einmal solch einen Gottesdienst erlebt?“, fragte sie.

„Nein“, antwortete er. „Ich arbeite hier schon seit zwanzig Jahren, und die einzige biblische Geschichte, die ich jemals gehört habe, ist die von Jesus, der zum Brunnen kommt und um etwas Wasser bittet.“

Jamaal kannte die Geschichte von der Frau am Brunnen, doch er wollte noch mehr von Jesus wissen. Iris erklärte ihm, wer Jesus ist, nämlich der Messias, auf den die Juden warteten und den sie nicht erkannten. Er ist der Sohn Gottes, der für unsere Sünden starb und der Retter der Welt ist.

„Möchten Sie nicht auch haben, was wir haben?", fragte Iris Jamaal.

Er antwortete mit drei Worten.

„Ich will Jesus."

Iris strahlte.

„Wegen meiner evangelistischen Ader wollte ich sofort weitermachen. Doch Gott zeigte mir, dass es nicht gut wäre, wenn er mit einer Frau betet, weil der Teufel das später benutzen könnte, um ihn glauben zu lassen, dass das keinen Wert gehabt hatte – immerhin war er Moslem. Ich hatte das Gefühl, ich sollte es nicht tun. Also holte ich meinen Mann und meinen Pastor. Jamaal betete und musste dabei weinen. Als wir weggingen, schenkte er mir eine kleine Kachel, auf der der Brunnen abgebildet war, und eine kleine Figur aus Holz. Auf die Plakette schrieb er etwas."

Jamaals Worte auf der Plakette waren eine persönliche Widmung, doch eine, die über die augenblickliche Situation hinausging. Damit schloss sich der Kreis, und zwar auf eine Weise, wie es Gott allein bewirken kann – eine Frau mit einer furchtbaren Vergangenheit kam um die Mittagszeit zum Jakobsbrunnen und führte einen Mann zum lebendigen Wasser. Die Botschaft steht nicht nur auf der Keramikkachel, sondern hat sich auch in Iris' Herz eingegraben:

„Für mich werden Sie immer die Frau am Brunnen sein."

JETZT WIRD'S PRAKTISCH

FÜNF HINWEISE

Jakobus schreibt: „Kommt zu Gott, und Gott wird euch entgegenkommen" (Jakobus 4,8). Schöpfen Sie aus dem Brunnen, und er wird Ihnen ganz nahe kommen.

In jedem Kapitel dieses Buchs erkläre ich Ihnen praktische Schritte, wie Sie Jesus näherkommen und ihn zu Ihrem Brunnen machen können. Hier nun möchte ich alles in fünf Punkten zusammenfassen, die Ihnen Mut machen sollen. Für mich persönlich sind sie sehr wichtig, und ich glaube, dass jeder davon profitieren kann.

Wir können die Beziehung mit Gott nicht in Gang bringen, und was wir tun, erhält diese Beziehung auch nicht am Leben. Aber wir können einzelne Schritte gehen, um der Bibel zu gehorchen und Gott nahe zu kommen. Was wir tun, hat Einfluss auf die *Gemeinschaft* mit ihm.

Vielleicht möchten Sie dieses Buch, wenn Sie es fertig gelesen haben, mit zur Arbeit, zur Schule, zur Universität oder zur Gemeinde nehmen und es mit Ihren Freunden durcharbeiten. Sie könnten das in der Mittagspause oder im Hauskreis tun. Gehen Sie es Kapitel für Kapitel durch, und bearbeiten Sie die Fragen im Gesprächsleitfaden, den Sie auf den folgenden Seiten finden.

1. Achten Sie darauf, dass Sie Zeit mit Gott verbringen. Sorgen Sie für geistliche Nahrung. Verlassen Sie sich nicht darauf, dass andere Ihnen zu essen geben (Psalm 119,1-2.9-11; Sprüche 4,4; Jakobus 4,7-8).
2. Nehmen Sie sich jeden Tag Zeit zum Beten und führen Sie das Gespräch mit Jesus den ganzen Tag fort. Jesus ist eine Person, kein Buch. Es geht um eine Freundschaft, nicht um vorbildliches Verhalten (Lukas 18,1-8; Epheser 6,18; Philipper 4,6; Kolosser 4,2; 1. Thessalonicher 5,17).
3. Lassen Sie sich von Ihren Sünden und Verfehlungen nicht an die Kette legen. Legen Sie sie Jesus zu Füßen, und weigern Sie sich, sie je-

mals wieder aufzuheben. Er kennt sie ohnehin (Psalm 103,1-18; Römer 8,1-11.37-39).

4. Hören Sie auf Gottes Führung. Gehen Sie im Glauben vorwärts, und machen Sie den nächsten Schritt, zu dem er Sie auffordert, ganz egal, wie groß oder klein er ist (Johannes 14,21; Hebräer 11,6).

5. Lassen Sie das lebendige Wasser überfließen und erzählen Sie anderen davon. Wir gehen unseren Weg mit Gott, doch wir sollten ihn nicht allein gehen. Suchen Sie sich Reisegefährten. Wir alle sind zur Jüngerschaft berufen, und das bedeutet, dass wir nicht allein auf dem Weg sind (Matthäus 28,18-20; Johannes 15,13).

DANKSAGUNG

Danke, Jesus, dass du mein Brunnen bist. Aus dir fließt nur Gutes. Du allein verdienst es, dass wir dich loben und verherrlichen. Ich danke dir, Melanie, meiner Frau und besten Freundin. Ich danke euch, meinen tollen Kindern – John Michael, Reagan, Zoe und Meeka Hope – und meinen wunderbaren Eltern, die mich immer unterstützt haben.

Ich danke auch Norman Miller, Mike Jay und dem Team bei *Proper Management*, dass sie zu mir gestanden und mich unterstützt haben. Ich danke meinem Literaturagenten Byron Williamson sowie Carolyn Mc-Cready, Cindy Lambert, Angela Scheff, Dirk Buursma, Tom Dean und allen anderen Mitarbeitern bei Zondervan. Danke, Tim Luke, dass du mir geholfen hast, meine Gedanken zu einem Buch zu machen.

Ich danke den Jugendlichen und Mitarbeitern in der *Eagle's Landing First Baptist Church* und der ganzen Gemeinde, dass sie mich immer unterstützt haben. Und schließlich meinen Mitstreitern in unserer Band Casting Crowns. Ich weiß es zu schätzen, was ihr tut und wer ihr seid. Ich liebe euch wie Jesus.

Mark Hall
27. April 2011

FRAGEN ZUR VERTIEFUNG

KAPITEL 1

EINE EINSAME FRAU

1. Welcher Teil der Begegnung zwischen Jesus und der Frau am Brunnen spricht Sie am meisten an? Warum? Welcher Teil der Geschichte von Iris Blue spricht Sie am meisten an? Warum?
2. Haben Sie „Wasserlöcher", aus denen Sie sich bedienen, um Glück, Frieden oder Kraft zu schöpfen?
3. Wie würden Sie Ihren Lebensweg mit Jesus beschreiben? Ist er immer und überall Ihr Brunnen, oder kommen Sie nur zu ihm, wenn Sie ihn brauchen?
4. Wo liegt für Sie der Schlüssel, sich auf Jesus als Ihren Brunnen zu verlassen?

KAPITEL 2

LOSLASSEN

DAS WASSERLOCH DES KONTROLLZWANGS

1. Wie sieht Ihre erste Reaktion aus, wenn es in Ihrem Leben stürmisch zugeht? Beten Sie, oder versuchen Sie, die Fäden in der Hand zu behalten?
2. War Jesus für Sie jemals Plan B? Wie sah das Ergebnis aus, und was haben Sie daraus gelernt? Wie haben Sie sich damals gefühlt?
3. Wie kann man so leben, als hätte man den Film bereits gesehen? Wenn Sie noch nicht so leben, was müssen Sie tun, um an diesen Punkt zu gelangen?
4. In welchem Lebensbereich versuchen Sie am meisten, die Fäden in der Hand zu behalten? Warum? Welche Auswirkungen hat das auf Sie und andere? Was haben Sie aus diesem Kapitel gelernt, das Sie praktisch umsetzen können?

KAPITEL 3

TOTER SCHLAMM
DAS WASSERLOCH DER SUCHE
NACH ETWAS BESSEREM

1. Gab es schon einmal eine Situation, in der Sie aus Furcht oder Unsicherheit gehandelt (oder auch nicht gehandelt) haben? Wie sah das Ergebnis aus? Was haben Sie daraus gelernt?
2. Haben Sie sich jemals auf die Suche „nach etwas Besserem" gemacht, ohne Gott vorher um Rat zu fragen? Was geschah daraufhin, woran erinnern Sie sich am besten und was haben Sie daraus gelernt?
3. Welche Umstände Ihres Lebens würden Sie am liebsten zum Besseren verändern? Haben Sie es mit eigenen Lösungen versucht? Haben Sie Gott gefragt, was er dazu sagt?
4. Welche „kleinen Armeen" haben Sie sich aufgebaut? Warum? Welche Auswirkungen hat Ihr Tun auf andere?
5. Was haben Sie in diesem Kapitel über die Sehnsucht nach etwas Besserem gelernt?

KAPITEL 4

BAUCHKLATSCHER
DAS WASSERLOCH DER ANERKENNUNG

1. Wo schöpfen Sie aus dem Wasserloch der Anerkennung?
2. Falls dies eins Ihrer größten Wasserlöcher ist: Wo liegt Ihrer Meinung nach die Ursache Ihrer Sehnsucht, von anderen Menschen bestätigt zu werden?
3. Gab es schon einmal eine Situation, in der Sie sich auf einen anderen Menschen verließen, der Sie ergänzen – also „ganz machen" – sollte? Wie sah das Ergebnis aus? Wie können Sie verhindern, dass das noch einmal geschieht?
4. Schauen Sie sich noch einmal die Liste mit den Bibelstellen an, die

sich mit der Identität eines Christen in Jesus beschäftigen. Welche spricht Sie am meisten an und warum? Wie können Sie das in Ihrem Alltag umsetzen?

KAPITEL 5

DER ERSTE TAG
DAS WASSERLOCH DER RELIGION

1. Was bedeutet Religion für Sie?
2. Was bedeutet Ihnen Jesus? Wer ist er?
3. Haben Sie einen „ersten Tag"? An welche Einzelheiten erinnern Sie sich?
4. Wie oft erzählen Sie anderen Menschen von Ihrem ersten Tag?
5. Um der Leere der Religion aus dem Weg zu gehen, ist es von entscheidender Bedeutung, in Christus zu bleiben. Wie gut gelingt es Ihnen, in seinem Wort zu lesen, durch regelmäßiges Gebet mit ihm im Gespräch zu bleiben, sich seiner Gegenwart bewusst zu werden, sich so zu verhalten, als wäre er körperlich anwesend, und seinen Geboten zu gehorchen?
6. Gibt es in Ihrem Leben irgendetwas, das Sie als Religion bezeichnen würden?

KAPITEL 6

GANZ SCHÖN TIEF
DAS WASSERLOCH DER EIGENINITIATIVE

1. In welchen Lebensbereichen handeln Sie am häufigsten auf eigene Faust, ohne auf Gott zu hoffen und zu warten? Warum verlassen Sie sich in diesen Bereichen auf Ihre Eigeninitiative?
2. Sind Sie jemals in Ihr altes Leben zurückgefallen? Was geschah dann, und wie haben Sie Ihre Beziehung zu Jesus erneuert?

3. Was haben Sie über das Warten auf den Zeitpunkt, den Gott für gut hält, gelernt? Was können Sie tun, um in dieser Hinsicht reifer zu werden?
4. In welchen Lebensbereichen haben Sie schon Heiligung erfahren, und auf welche Weise ist das geschehen?

KAPITEL 7

EINE UNERWARTETE WENDUNG
DAS WASSERLOCH DER BEGABUNG

1. Was ist Ihre größte Begabung? Wie nutzen Sie sie, um Gott zu verherrlichen?
2. Weisen Sie mit Ihrer Begabung Menschen eher auf Jesus hin oder auf sich selbst? Warum?
3. Betrachten Sie Talent als Segen oder als Fluch? Warum?
4. Wie können Sie ganz bewusst die Entscheidung treffen, Ihre Begabungen für Gottes Reich einzusetzen?
5. Wenn Sie noch zögern, Ihre Begabung zur Ehre Gottes einzusetzen, woran liegt das?
6. Können Sie sich an eine Situation erinnern, als Sie nicht den nächsten Schritt gegangen sind, zu dem Gott Sie aufgefordert hat? Wie sah das Ergebnis aus?
7. Was ist Ihrem Empfinden nach der nächste Schritt, zu dem Gott Sie auffordert? Werden Sie ihm gehorchen?

KAPITEL 8

FRÜHSTÜCKSKRINGEL
DAS WASSERLOCH DES ANSPRUCHSDENKENS

1. Hatten Sie schon mit Anspruchsdenken zu kämpfen? Wann und wie?
2. Woher kommt es, dass wir das Gefühl haben, uns stehe mehr zu, als wir bekommen? Was können wir dagegen machen?
3. Gab es schon einmal eine Situation, in der Sie Jesus nicht um seiner selbst folgten, sondern weil Sie etwas von ihm wollten? Wie sah das Ergebnis aus? Was haben Sie daraus gelernt?
4. Jesus erhebt Anspruch auf das Leben aller Christen. In welchen Bereichen müssen Sie daher Ihre persönlichen „Rechte" aufgeben und zulassen, dass er die Kontrolle über Ihr ganzes Leben bekommt?

KAPITEL 9

DIE WASSERLÖCHER MIT DEM
HEILIGEN GEIST ZUSCHÜTTEN

1. Woher wissen Sie, dass der Heilige Geist in Ihnen wohnt?
2. Wann spüren Sie Gottes Gegenwart am intensivsten? Warum?
3. Denken Sie an eine Situation zurück, in der Sie genau wussten, dass der Heilige Geist zu Ihnen sprach und Sie ihm gehorchten. Wie sah diese Situation aus? Und wie das Ergebnis? Wie haben Sie sich dabei gefühlt? Denken Sie dann an eine Situation zurück, in der Sie wussten, dass der Heilige Geist zu Ihnen sprach, Sie ihm jedoch *nicht* gehorchten. Wie sah diese Situation aus? Und wie das Ergebnis? Wie haben Sie sich dabei gefühlt?
4. Was ist Ihre Lieblingsverheißung im Hinblick auf den Heiligen Geist? Warum?

KAPITEL 10

LEBEN, ALS WÄRE MAN GERADE AUFGEWACHT

1. Was können Sie von Daniel lernen?
2. Welchen Versuchungen erliegen Sie am leichtesten? Wie reagieren Sie auf Versuchung?
3. Wie bereiten Sie sich darauf vor, Versuchungen zu widerstehen? Versuchen Sie, Bibelverse auswendig zu lernen, um gegen Versuchungen gewappnet zu sein?
4. Wie können Sie sich noch bewusster dafür entscheiden, Jesus zu Ihrem Brunnen zu machen?

ÜBER DEN AUTOR

Mark Hall ist ein echter Geschichtenerzähler und Lehrer mit einem großen Herz dafür, Gott zu dienen. Er ist Leadsänger und Songwriter für die Band Casting Crowns, die bereits einen Grammy Award gewonnen hat. Ihre ersten vier Alben verkauften sich mehr als fünf Millionen Mal.

Mark arbeitet seit fast zwanzig Jahren als Pastor, seit 2001 in der *Eagle's Landing First Baptist Church* in McDonough, Georgia. Sein anstrengender Alltag würde ihn völlig überfordern, wäre er nicht seit neunzehn Jahren mit Melanie verheiratet, die auch als Manager der Casting Crowns fungiert. Selbst wenn sie auf Tournee sind, unterrichten Mark und Melanie ihre vier Kinder John Michael, Reagan, Zoe und Hope selbst. Mark und Melanie leben mit ihrer Familie in Georgia.

Thomas Härry

Voll vertrauen – Erfahren, wie Gott mich trägt

Vertrauen ist das zentrale Thema, wenn es um unseren Glauben geht. Doch sich auch in schwierigen Situationen in die Arme Gottes fallen zu lassen, ist oft nicht einfach.

In seinem neuen Buch stellt Thomas Härry den Kampf dar, dem wir täglich ausgesetzt sind: Können und wollen wir Gott trauen? In welchen Bereichen sind wir besonders herausgefordert? Und welches Geschenk liegt darin, vertrauen zu können?

Entdecken Sie ganz praktisch und auch in Ihrem Leben, was Vertrauen heißt!

Gebunden, 13,5 x 20,5 cm, ca. 176 Seiten
Nr. 226.443

Mark Batterson

Kreiszieher

Kühn beten – und Wunder erleben

Während einer Dürreperiode in Israel zog Honi, der Weise, einen Kreis in den Sand, setzte sich hinein und gelobte, nicht eher aus ihm herauszukommen, bis Gott sein Gebet um Regen erhört hatte. Inspiriert von dieser jüdischen Legende zeigt Mark Batterson anhand biblischer Geschichten und eigener Erlebnisse, wie wir Wunder erleben können wenn wir Gebetskreise um unsere Träume, unsere Familien, unsere Probleme und vor allem Gottes Versprechen ziehen. Wenn wir Gott alles zutrauen, anhaltend beten und ein wenig Geduld haben, ist alles möglich.

Klappenbroschur, 13,5 x 20,5 cm, 272 Seiten
Nr. 226.529

SCM R.Brockhaus

NÄHER DRAN

DIE DRAN GEHT DEN NÄCHSTEN SCHRITT

JETZT NEU. SEI DABEI

DRAN NEXT`

NEXT, weil wir Lust auf Nähe haben. Wir wollen gestochen-scharfe Makros auf unser Leben, unseren Glauben, unsere Beziehungen.

NEXT, weil wir heute schon wissen wollen, was Morgen braucht. Jeder mutige Plan braucht eine Richtung.

NEXT, weil wir in Spannung leben – mit Hoffnung auf das Neue hin, von dem Jesus sagt „Es ist nah!".

Wir sind bereit für den nächsten Schritt. Gehst du mit?

WWW.DRAN-NEXT.NET